文化吉林

松原卷

弘揚長白山文化
打響吉林特色地域文化品牌

王儒林

　　吉林有文化，而且吉林文化有底蘊、有潛力、有特色、有希望。從前郭縣王府屯距今約一百萬年的石製工具到距今十六萬年的樺甸仙人洞和距今三萬年的榆樹人，從燕趙文化東進到漢武帝設四郡，從扶餘、高句麗、渤海文明的興衰更替到遼金、清朝問鼎中原，從抗日烽火、解放硝煙到新中國老工業基地的紅色記憶，從二人轉、吉劇、長影到吉林期刊、吉林歌舞和吉林電視劇現象，勤勞智慧、淳樸善良、勇於開拓的吉林人民在白山松水間創造出絢麗多彩的地域文化，成為中國文化版圖上一道獨特風景。

　　文化與山素來結緣，正如泰山之於魯，嵩山之於豫，黃山之於皖，長白山是吉林的象徵、吉林的品牌。吉林文化始終與長白山難捨難分、血脈相連，集中體現於長白山文化之中。長白山文化發源和根植於吉林沃土，是包容吉林各民族文化、蘊含吉林發展歷史、反映吉林人性格特質、凸顯吉林氣派的「大文化」；是中華民族「多元一體」文化的重要組成部分，源遠流長、博大精深，構成了吉林文化的骨骼和脊梁。在地域文化越來越受到人們關注、文化軟實力越來越成為衡量一個地區核心競爭力的重要指標的當今時代，大力弘揚作為吉林文化標誌性符號的長白山文化，把這份寶貴的文化資源保護好、挖掘好、利用好、開發好，對於打響吉林特色地域文化品牌，鑄造極具時代內涵的吉林精神，提升吉林文化軟實力，凝聚吉林改革發展正能量，無疑具有十分重要的現實意義。

近年來，我省大力推進以優秀吉林地域文化為主要內容的長白山文化建設，出台了《長白山文化建設規劃綱要》，啟動實施了長白山文化建設工程，在長白山文化資源保護研究、挖掘整理、開發利用等方面做了大量工作，取得了顯著成績。我們要進一步加強長白山文化理論研究，豐富長白山文化內核和外延，進一步加強長白山文化遺產的發掘、保護和展示推介力度，擴大長白山文化的影響力，進一步加強對長白山文化內涵的拓展和提升，把長白山文化資源更好地轉化為文化產品、文化事業和文化產業，推動長白山文化建設躍上新台階，推動吉林文化大發展大繁榮，為實現富民強省目標、中華民族偉大復興、中國夢做出貢獻。深入挖掘、研究、整理長白山歷史文化，既是一項宏大浩繁的系統工程，又是一項功在當代、利在千秋的基礎工程。希望有更多有識、有志之士投身長白山文化建設事業，讓這份寶貴的文化資源更好地服務於當代，惠澤於未來。

由省委宣傳部組織編撰的《長白山文化書庫》系列叢書，是長白山文化建設工程的重要標誌性成果。叢書從基礎研究、地方特色、主要藝術門類三部分，對長白山文化的歷史資源進行了全面細緻的挖掘和整理，堪稱長白山文化研究與普及的鴻篇巨製，不僅對研究和宣傳長白山文化大有裨益，而且對培育吉林文化品牌、樹立吉林文化形象也將產生積極的促進作用。在叢書即將付梓之際，謹表祝賀並向全體工作人員致以問候。

主編寄語

莊　嚴

　　長白奇迤蘊靈秀，松江悠長毓文傑。千百年來，雄渾壯美的白山松水賦予了肥沃豐饒的吉林大地以生機和活力，滋養了吉林人民勤勞睿智、堅韌進取、寬容開放的精神品格，積澱了多元融合、底蘊深厚、色彩斑斕的地域文化。這獨具魅力的吉林特色地域文化猶如一株馥郁芳香的花朵，在中華民族文化百花園中爭妍綻放。

　　文化是經濟發展之根，是社會發展之源。省委、省政府高度重視文化建設，制定出台了《長白山文化建設規劃綱要》，把吉林省歷史文化資源工程列入宣傳思想文化工作「六大工程」之一。省委宣傳部深入貫徹落實省委、省政府的要求，開展《長白山文化書庫》建設，啟動實施了《文化吉林》叢書編撰工作，將其作為全省宣傳思想文化工作的重要舉措，周密部署，精心組織，強力推進，取得了預期成果，為全省人民奉獻了一份珍貴的精神食糧。

　　《文化吉林》叢書是《長白山文化書庫》中全景展現特色地域文化的重要組成部分。年初以來，我省廣大宣傳文化工作者以對家鄉、對歷史、對文化事業的高度責任感和使命感，不畏繁難，勤勉執著，嚴謹認真，精益求精，在資料收集、遺產挖掘、書稿撰寫等方面付出了大量艱辛的努力，進行了許多開創性的探索和實踐，圓滿完成了這次編撰任務。叢書編撰秉承傳播和弘揚吉林文化的理念，梳理總結吉林文化資源，提煉昇華吉林文化精髓，激發增強吉林人的文化自覺、文化自信，使優秀文化更好地服務於吉林的發展振興。

《文化吉林》內涵豐富，圖文並茂，辭美情摯，引人入勝，是人們認識吉林、瞭解吉林、研究吉林的概覽長卷，是吉林文化走向全國，面向國際的真誠心聲。叢書真實勾勒了吉林文化歲月滄桑的歷史縱深，生動展現了吉林文化多姿多彩的時代律動，帶我們走進吉林地域文化演進的舞台，親身感受風雲激盪的文化事件，出類拔萃的文化人物，領略淵深源遠的文化景觀，妙趣橫生的文化傳說，體驗琳瑯紛呈的文化產品，淳樸濃郁的文化民俗。叢書將吉林文化的發展脈絡、現狀和未來，客觀詳盡地展現給廣大讀者，是一部能夠讀得進去、傳播開來、傳承下去的佳作精品。

　　鑒往以勵志，展卷當奮發。《文化吉林》這套融史料性、知識性、可讀性於一體的叢書，為我們進一步保護、研究、開發吉林地域特色文化提供了重要史料資源。作為後繼者，當代吉林人有責任、有義務肩負起將吉林文化充分融入社會主義核心價值觀，推動吉林文化發展進步的歷史使命，讓優秀傳統文化在繼承中創新，在創新中前行，在全國文化發展大格局中唱響吉林「聲音」，打造吉林文化品牌，樹立文化吉林形象。

弘揚長白山文化　打響吉林特色地域文化品牌
主編寄語

第一章・文化發展概述

第二章・文化事件

第三章・文化名人

第六章・文化風俗

第一章 ——

文化發展概述

　　松嫩平原上一座崛起的新城—松原。一九九二年建市，是中國最年輕的地級市之一。這裡是聞名遐邇的遼金故里，她擁有深厚的歷史積澱。歲月如歌，歷經千百年的融合、沉澱和發展，松原地域文化日臻成熟。這裡有厚重的遼金歷史文化、濕地與草原生態文化、滿蒙風情的民族民俗文化、石油工業文化；這裡有滿族新城戲、民間文藝的戲曲大觀；這裡有洪皓、梁信、蘇赫巴魯等名家……厚重的歷史、絢爛的文化，成為當代松原最大的財富。

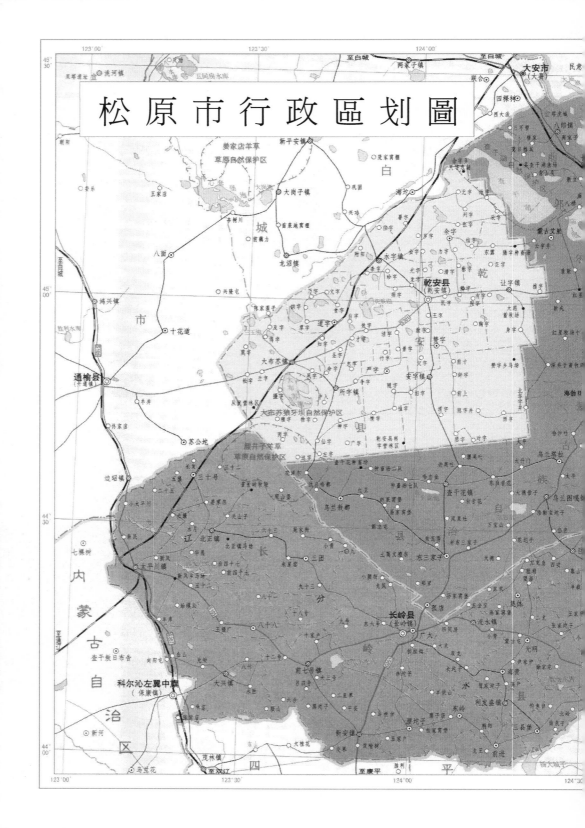

松原市行政區劃圖

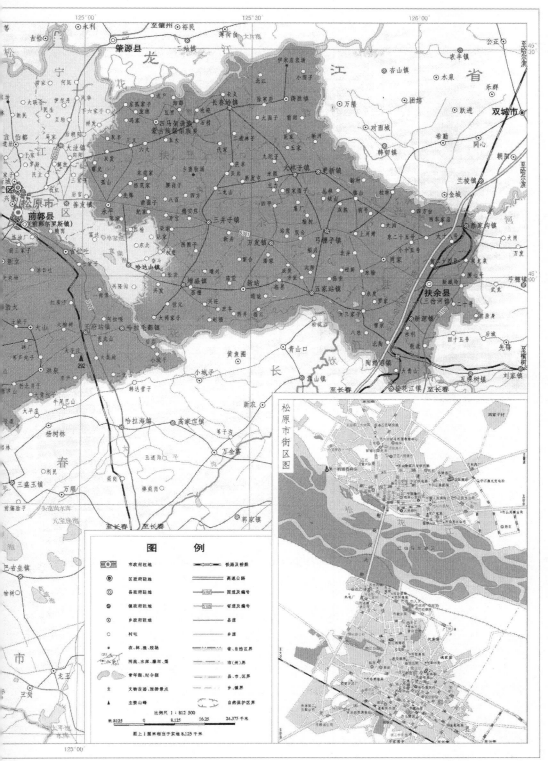

松原市街区图

图　例

吉林省地图应用开发中心编制

遼闊的黑土地，奔騰的松花江，多民族的滄桑史，獨特的自然環境和人文景觀熔鑄了獨特的文化。松原地處松嫩平原腹地，江河環繞，湖沼遍布，古來即是魚米之鄉；境內廣闊的科爾沁草原，承載著牧業發展的理想；地處世界黃金玉米帶，沃野流金，五穀豐登；還有那烏金流淌的石油河，成就了松原「魚鄉、肉庫、糧倉、油海」的美譽，也為松原地域文化的形成、發展，提供了可靠的物質保證。

　　松原市位於東經 123° 6ˊ - 126° 11ˊ，北緯 43° 59ˊ - 45° 32ˊ之間。極點間距離東西長 240 公里，南北寬 172.4 公里，面積 22034 平方公里。東、南與長春市、四平市為鄰，西與白城市、內蒙古自治區接壤，北隔松花江、嫩江、拉林河與黑龍江省相望。這方沃土的自然、地理環境，不但為松原地域文化的產生、發展創造了必然條件，也使松原文化具備了強烈的地域特色。

　　據考證，早在一萬多年前的舊石器晚期，就有人類生息、勞動、繁衍在這塊美麗富饒的土地上。春秋至秦，境內東部為古濊貊人世居之地，西部為古東胡人遊牧地。漢至南北朝時期，境內東部為扶餘國的一部分。北魏孝文帝太和十七年（西元 493 年），勿吉滅扶餘，境內東部為勿吉伯咄部居地；境內西部為鮮卑人遊牧之地。唐代，先後所屬松漠都督府和安東都護府。渤海立國以後，松原地屬渤海扶餘府。

　　遼代在松原地區曾設置長春州、寧江州。金滅遼後，行政區劃仍沿用遼的州縣建制。金初廢寧江州以後，今寧江區、扶餘市地分屬上京路隆州府利涉縣和會寧府會寧縣。金章宗昌明六年（1195 年），金國出征蒙古弘吉剌惕部，該部降金。金國將其中以納仁汗為首的豁羅剌思（即古郭爾羅斯）部遷至松嫩兩江交匯處，即後來被稱為伯都訥的地方。

　　元朝時期，今松原大部分屬遼陽行中書省開元路肇州所轄。明初，松原地屬兀良哈三衛蒙古族居地。明朝後期，嫩科爾沁蒙古首領烏巴什率部接管了納仁汗部的駐牧地，並以郭爾羅斯部號作為自己的部號。從此，原納仁汗管轄的郭爾羅斯受科爾沁部蒙古孛爾只斤氏的郭爾羅斯部所轄。

後金建國後不久，即派遣軍隊進駐松嫩匯流處即原寧江州故地，設立官軍隊站，稱伯都訥站。伯都訥作為地名，開始出現於史籍中。清順治五年（1648年），清王朝以嫩江、松花江為界，將郭爾羅斯部分為前後二旗。 今前郭、乾安、長嶺全境屬郭爾羅斯前旗。

康熙三十一年（1692年），清廷移吉林副都統於此地，改稱伯都訥副都統。次年（1693年），首任伯都訥副都統巴爾達在舊城南另建新城（今寧江區江北城區中心地帶）。嘉慶十五年（1810年），清廷在這裡增設民務機構伯都訥廳，並明確了伯都訥廳的轄境，大體上相當於今天的榆樹市、扶餘市和寧江區（江北部分），廳署設在伯都訥新城。光緒三十二年（1906年），伯都訥廳升府，名為新城府，隸西北路道。三十四年（1908年）五月，在前郭爾羅斯新墾地設長嶺縣，隸屬吉長道長春府。

中華民國二年（1913年）開始廢府州，存道縣。新城府改為新城縣，因其與河北省新城縣同名，又於次年改稱扶餘縣（轄境含今寧江區江北部分，後同），屬吉林省濱江道；長嶺縣屬吉林省吉長道。民國十七年（1928年）四月設立乾安設治局，一九三三年正式設立乾安縣，屬吉林省吉長道。民國十八年（1929年）廢道級建制，扶餘、長嶺、乾安等縣直隸於吉林省。

一九四六年二月，先後建立了扶餘、長嶺、乾安、郭爾羅斯前旗等四縣（旗）委、政府，分別隸屬黑嫩省、遼北省、吉林省管轄。中華人民共和國成立後，扶餘、長嶺、乾安和郭爾羅斯前旗屬吉林省。一九五五年二月，扶餘縣劃屬吉林省懷德專區（1956年10月改名為公主嶺專區），一九五八年十一月劃歸吉林省白城地區行政公署。長嶺縣於一九五六年劃歸吉林省白城地區行政公署。一九五六年，經國務院批准，郭爾羅斯前旗更名，成立前郭爾羅斯蒙古族自治縣（以下簡稱前郭縣），歸屬吉林省白城地區行政公署。一九八七年十一月，扶餘縣撤縣變市（縣級）。

一九九一年四月，建立前扶經濟開發管理區，地級建制，隸屬省政府，轄前郭縣、扶餘市。一九九二年六月六日，經國務院批准建立松原市，扶餘市改

為扶餘區，松原市轄扶餘區、前郭縣、長嶺縣和乾安縣。

一九九五年七月二十日，經國務院批准，吉林省重新設立扶餘縣（駐地三岔河），扶餘區更名為寧江區。經此調整變更，松原市轄寧江區、扶餘縣、前郭縣、長嶺縣、乾安縣。二〇一三年三月，扶餘縣重新撤縣變市（縣級），轄境和所屬單位無變。

松原解放以前無專門文化管理機構，民間文化藝術活動呈自流狀態。二十世紀五〇年代初，各縣（旗）設文教科，一九五五年改設文化科，一九五九年改設文教局，一九七三年改設文化局，一九九四年，改設文化體育局。松原市成立後，於一九九二年十月成立松原市文化局。一九九五年底，市廣播電視新聞出版局的新聞出版科劃屬市文化局。二〇〇一年十月，成立松原市新聞出版局，與市文化局一套機構兩塊牌子，改稱松原市文化新聞出版局。二〇一二年六月，松原市文化新聞出版局和松原市廣播電影電視局合併組建成松原市文化廣電新聞出版局，為市政府職能部門。局直屬單位有松原市文化市場綜合執法支隊、松原市滿族新城戲傳承保護中心、松原市圖書館、松原市博物館、松原市群眾藝術館和松原市電影發行放映公司。

松原市共有市、縣兩級專業藝術表演團體五個；圖書館、群眾藝術館（文化館）、博物館二十個。其中，圖書館五個，群眾藝術館（文化館）七個，博物館 8 個；電影發行放映公司五個；文化市場綜合執法機構六個。

全市共有七十八個鄉鎮綜合文化站，工作人員二百二十八人，其中專業技術人才一百四十五人。全市共有娛樂場所一百五十九家，從業人員六百餘人；有營業性演出經營場所四家；營業性電影放映場所五家；網絡文化經營單位二百六十九家，電腦終端一四一二二台，單體經營單位日均接納上網人員二百餘人次。

松原地域文化是世代生活在這裡的各族人民創造的。松原文化代表著這方沃土上人們創造的文化形成及發展的全部內容。松原文化，既明確了松原這一新興城市的行政區劃內所具有的文化的概念，也可以視為松原市特有的地域文

化概念。松原文化就是位於松嫩平原腹地的以歷史文化、民族民俗文化、生態文化、工業文化為主體，以遼金歷史文化為特色的松原地域文化。松原文化由扶餘文化、渤海文化、遼金文化一脈相承而來，在發展中融合，在傳承中創新，在豐富中前進。在其歷史發展階段中，遼金文化曾一度空前繁榮，對松原地域文化的形成和發展起到了承前啟後的作用。

松原文化源遠流長，滄桑百代，形成了一條屢興不衰的歷史文化長河，並在其自身的發展過程中，形成了重要的發展階段。

從舊石器時期至鴉片戰爭之前的中國古代史時期

遠古至先秦，是松原文化的萌芽和孕育階段。比較有代表性的是舊石器晚期到新石器時期，查干湖畔青山頭上的「青山頭人」所創造的文化。二十世紀八十年代初，從青山頭出土了人類頭蓋骨和部分軀體化石，經 C14 測定，這些化石距今約一三〇〇〇至七八〇〇年。其後不久，在這裡又挖掘出完整的人骨化石以及打製的石器、骨器和陶片等。這些出土文物表明，早在一點三萬年前的舊石器時代晚期，青山頭一帶就已經有人類活動，一直到距今四五千年前的新石器時期，古人類活動的腳步在這裡一直沒有停息過。這是迄今為止在吉林省中西部地區發現最早、延續時間最長的古人類。古人類學家將其命名為「青山頭人」。青山頭人使用原始的石器、木棒狩獵捉魚，用石片剝離獸皮、切割獸肉，用粗陶燒煮食物，用骨器縫製原始的皮衣。他們在同大自然的搏鬥中，創造著松原地方的原始文化和古代文明。屬於先秦時期的文化遺址，還有長嶺縣腰崗子北崗新石器時期遺址，乾安縣狼牙壩新石器和青銅器時期文化遺址，前郭縣紅石砬子青銅時期文化遺址，寧江區長崗子遺址下層的漢書二期文化遺存等。

秦、漢、魏、晉、南北朝時期，為松原文化形成和初步發展時期。此一時期濊貊、肅慎、東胡三大族系的扶餘、勿吉、鮮卑等各族相繼登上歷史舞台，競相發展。漢朝以後，中原漢族文化逐漸傳入，對這裡的地方文化產生了重要的影響，如境內的扶餘文化。扶餘族是古濊貊族系的主要支系，是漢魏時期中

國東北的重要部族之一。松原的北部、東部是東明王創立扶餘國的肇基之地，沿松花江流域也是扶餘國發達時期的重要地區，其文化必然與整個扶餘文化相一致。在存續近七百年的歷史中，扶餘國接受中原漢文化影響，很早就形成了「吟詩書」「用俎豆」「冠弁衣錦」的風習，「頗有中原氣象」。當時的扶餘國雖然仍屬於奴隸制社會，但其倫理觀念表現出明顯的儒學影響。「其人強勇，謹厚不寇抄」「民情怯於私鬥，而勇於寇戰」。扶餘人不但在文字上使用漢字，在風俗上也極為崇尚禮儀，其國人的言行舉止，待人接物，處處注重禮節和儀態，一切「皆如中原之禮」（見《中國東北通史》）。這一時期，因松原地方各民族文化互相影響，出現了同漢文化相融合的大趨勢，為松原多民族交融的地域文化的形成和發展奠定了初步基礎。

隋、唐、渤海、遼、宋、金、元時期，是松原文化空前發達時期。粟末靺鞨興起，建立海東盛國的渤海國，在松原地方曾設立扶餘府（見《中國東北通史》第 225 頁）。契丹興起，建立遼朝，在松原地方曾設置寧江州。黑水靺鞨的後裔女真興起，曾在松原境內的拉林河畔誓師起兵，建立大金王朝。金朝後期、元至明朝前期，這裡曾是蒙古豁羅剌斯（即古郭爾羅斯）部駐牧之地。各民族政權的遞嬗，經濟的發展，使松原地域文化步入了繁榮期、發達期。松原各族文化進一步與中原漢文化融合，在充分吸納漢文化的基礎上，民族文化迅速發展，並形成具有北方民族特色的獨樹一幟的文化體系。渤海文化、契丹文化、女真文化、蒙古文化等，各領風騷，極一時之盛。遼金之際「文人蔚起，製作炳然」，並先後借鑑漢字字形，創造了自己的民族文字。金代文化的發展，較之遼代更有新的進步，文學、藝術、教育都取得了很高的成就。

金朝立國之初，統治階級並未崇儒。但史料有載，南宋大金通問使洪皓被羈留冷山時，條件極其艱苦，在沒有紙張的情況下，曾手寫「樺葉四書」以傳弟子。同時他還帶來了中原地區較為先進的農業技術，並把中原人的造屋技術傳給當地居民，改變了當地一些人穴居的落後習俗（參見《松漠紀聞》《洪皓流放地的洪皓研究》）。由此可見，松原在金初便已在一定範圍內進一步接受

了儒家思想的洗禮。上述諸族在文化進程中，最初無不信仰薩滿，繼而崇尚佛教（蒙古族主要是藏傳佛教）或道教，但又均以儒家思想為主旨，並滲透到社會生活的各個層面，使得先進的漢族儒家文化也注入各族文化之中。這一時期的松原地域文化能夠達到相當高的發展階段，是其與漢文化融合的必然結果。

明初到清朝中後期，松原地域文化中的蒙古文化、滿族文化繼續有所發展。其重要標誌之一，就是明洪武十五年（1382 年）由郭爾羅斯的蒙古族史學家火原潔等二人譯成附有漢文總譯的漢字標音本《元朝秘史》（即《蒙古秘史》）的問世，使得成書於一二四〇年的《蒙古秘史》這部歷史名著得以完整保存。一九九〇年，該書被聯合國教科文組織列入世界文化名著。蒙古嫩科爾沁部東進，占據松原地區後，蒙古族文化在這裡進一步發展。

建州女真在明末再度崛起，他們在與漢族、蒙古族不斷擴大的交流中，形成了自己的文化，老滿文、新滿文成為帶有滿族明顯民族特點的文化特徵。滿族的統治重心南移後，朝廷把松遼地區作為發遣罪犯的流放之地。這些「流人」中有不少飽讀經史的文士，他們當中有很多人通過交遊和著書立說傳播著儒家思想。如康熙四十二年（1703 年），因牽涉前明三皇子案而被流配到伯都訥新城的原饒陽縣令山東蓬萊人李方遠，在流放伯都訥新城期間，就曾撰寫紀傳體回憶文章《張先生傳》，記述其與隱身民間化名「張先生」的前明三皇子定王朱慈煥交往始末，以及二人蒙冤經過。該文一直在東北民間流傳，二百年後被民間文人魏聲龢發現，收錄文集中，方得以文字傳世（見《雞林舊聞錄》）。

清初在伯都訥設治後，北部的江右地區經濟文化一直處於全地區經濟文化發展的領先地位，當然也帶動著江左岸廣大草原地區經濟文化的進步。清中期以後，隨著漢譯蒙翻譯文學的發展，在松原地方的蒙古族中，一種被稱為「胡仁烏力格爾」的說唱藝術迅速發展開來。

從一八四〇年鴉片戰爭以後的近代、現代至當代

鴉片戰爭以後，中國由封建社會變為半封建半殖民地社會。這一時期，西方文化的傳入，為松原地域文化打上的時代烙印，在一定程度上改變了松原文

化內容的性質。繼道光朝「伯都訥屯田」之後，冀、晉、魯、豫等省份的漢人隨著「闖關東」的大潮湧進松原地區，使得伯都訥地方土地開發有了新的進展。同時，郭爾羅斯前旗的蒙地開發也得到朝廷允許，正式放墾。最終導致清末和民國年間在郭爾羅斯草原上的兩次設立縣治，即一九○八年設立長嶺縣、一九二八年設立乾安設治局（一九三三年正式建縣）。漢民大量湧入而形成的民族文化融合的格局，使千百年來東北少數民族文化與漢文化融合而形成的松原地方文化，出現了更加全面的南北文化大融合局面，體現在語言、文字、民俗、文學、藝術等各個方面。隨波而入的西方文化或多或少地融入其中，松原近現代文化在這一時期開始形成並明顯發展。

二十世紀初，隨著列強對東北侵略的加深以及清末新政的推行，松原地方出現了一些近代文化事業。一九○五年，清廷廢除了科舉制度。次年，在松原地區建起了第一座新式學堂「新城府官立高等小學堂」。到辛亥革命前夕，松原境內共建立新式小學堂二十三所。一九一○年，新城府建立中學堂一所，此係松原地方第一所中等學校。

圖書館和報刊事業也是近代松原地方文化內容的一個重要方面，但由於所在偏遠，城居人口偏少，教育的進步緩慢。

一九二三年，扶餘縣成立通俗教育館，編印發行《扶餘日刊》；一九二七年，扶餘縣設縣立圖書館。

東北淪陷後，地方文化的發展便同整個中華民族文化發展進程同步，迸發出爭取民族獨立、民族解放的光彩。一批批愛國志士以民族精神和傳統思想文化為武器，高舉愛國主義的旗幟，在民眾中傳播民族解放、反對日本帝國主義侵略、奴役和殘酷統治的思想。在松原地方，先後出現了破家舉義、組建抗日義勇軍的柳青庭、王致超，中共在松原早期地下組織的組建者、堅強的抗聯戰士張瑞麟，祕密從事地下活動、組建愛國青年進步組織的劉建民，還有在抗戰後期成長起來的以高萬寶扎布、拉西道爾吉等為代表的一批蒙古族愛國青年。以他們為代表的民族菁英們續寫的地方民族文化的發展史詩，成為這一歷史時

期地方文化發展的主流。

　　一九四五年十月、十一月，各縣（旗）相繼解放，一九四六年初，境內各縣（旗）黨委和人民政府相繼建立。中國共產黨領導人民在清匪反霸、開展土改運動和發展生產、支援前線的同時，大力發展人民的文化事業。首先著手接收和開展改造舊教育工作。經過上上下下的共同努力，四縣（旗）的教育事業很快得到恢復和發展。與此同時，為滿足廣大農民文化翻身的要求，培養和造就新幹部，各地還大力開展了掃盲識字運動。通過各種文化、政治教育，不但基本上掃除了文盲，而且在廣大青少年學生和人民群眾中，很快根絕了殖民教育的餘毒，清除了一些人的所謂正統觀念。土改運動的深入和經濟建設的起步，也推動了境內各縣（旗）文化事業的發展，各縣（旗）相繼建立統一的國營書店、縣（旗）文化館，改組或新建了電影院、劇場等一批公共文化活動場所；各地還積極組織各種文化團體，宣傳黨的方針政策，豐富人們的文化生活。地方文化教育事業的發展，為中華人民共和國建立後社會主義文化的發展奠定了基礎。

　　松原的地域文化歷史悠久、內涵豐富、多彩多姿。

　　松原文化是松原歷史的延續。從東明在這裡創建扶餘國、扶餘人創建扶餘文化到海東盛國渤海在這裡設立扶餘府；從契丹興州、女真伐遼到古郭爾羅斯納仁汗部遷入駐牧，松原各族文化一步步與中原漢文化融合，逐漸形成了具有北方民族特色的獨樹一幟的文化體系。契丹文化、女真文化、蒙古文化各極一時之盛。其中尤以遼金歷史文化最為厚重，最為典型，是松原歷史文化中最具有代表性的文化發展階段。在遼金文化充分發展的基礎上，明清兩朝繼往開來，進一步將松原歷史文化不斷推向新的歷史發展階段。大量的歷史文獻資料和歷史文物有力地證明：松原文化源遠流長，是一條納川匯流、奔騰不息的地域歷史文化長河。

　　松原地方的民族民俗文化，是以最具地方民族特色的滿族、蒙古族民風民俗為代表的節日文化、信仰文化、禮儀文化、衣食文化、民間文藝、民間體育

遊藝文化等。其中的禮儀文化包括滿族、蒙古族等各民族的婚嫁、壽誕習俗，凸顯著本民族特色禮儀。服飾飲食文化主要是以滿族、蒙古族為代表的少數民族傳統服飾與民族特色的餐飲。民間遊藝文化主要有滿族、蒙古族（也包括地方漢族及其他各少數民族）共有的民間傳統體育、秧歌、民間遊藝和少兒傳統遊戲。民間文學和民間曲藝是松原地方民俗文化中的又一重要組成部分，既包含著滿、蒙古等民族古老的神話傳說、英雄史詩和產自民間的民歌、民謠民諺、民間故事，也包含著「八角鼓」「太平鼓」等滿族傳統曲藝和「烏力格爾」「好來寶」等蒙古族傳統說唱藝術和其他民間曲藝形式。

以濕地、草原為主要內容的松原文化中的生態文化，主要包括古老的草原游牧文化、漁獵文化以及二十世紀八〇至九〇年代在旅遊業發展中逐漸形成的生態旅遊文化。從遼代帝王的春捺鉢到當代的查干湖冬捕，這種生態文化的發掘、保護與傳承，已經使松原地方旅遊業從無到有，從小到大，迅速發展，並成為松原文化中的響亮名牌。查干湖旅遊度假區、珠爾山旅遊度假區、三江口遊覽區、甕泉山旅遊區、王爺府生態旅遊區、大布蘇泥林國家地質公園、孝莊祖陵風景區、賽罕塔拉蒙古部落、龍鳳湖旅遊風景區等著名的旅遊景點，都已經成為松原生態文化的魅力符號。

松原文化中的工業文化，以吉林油田石油工業文化為代表。半個世紀以來，幾代吉林石油人足跡遍布廣袤的松遼大地，艱苦奮鬥，卓絕創業，大力弘揚鐵人精神，在創造物質財富的同時，也創造了精彩紛呈的吉林石油文化，成為松原工業文化的突出代表。以吉林石油文化為代表的松原工業文化，既是松原地域文化的重要組成部分，更具有鮮明的時代特徵。

另外，以滿族新城戲、蒙古族歌舞、東北二人轉為代表的演藝文化，是松原文化中的品牌。滿族新城戲源於滿族民間曲藝「八角鼓」，作為一個新興劇種和全國唯一的滿族劇種，誕生於二十世紀六〇年代初。經過半個多世紀的發展，已經日臻成熟，並被列入《中國大百科全書戲曲藝卷》《中國戲曲年鑑》和《中國戲曲曲藝辭典》。滿族新城戲《鐵血女真》《洪皓》先後兩次榮獲中

宣部精神文明建設「五個一工程」獎。《鐵血女真》囊括中宣部「五個一工程」獎、文化部文華大獎和中國戲劇梅花獎，《洪皓》兩次進京演出，填補了我省戲劇在國家大劇院演出的空白。

滿族歌舞、蒙古族歌舞已經成為松原地方民族歌舞的代表。特別是蒙古族歌舞，包括蒙古族長調、短調、呼麥等聲樂藝術和馬頭琴、四胡、火不思等器樂藝術。查瑪舞、安代舞等民族舞蹈藝術曾多次走出松原、走出吉林，乃至走出國門。二〇〇六年八月四日，前郭縣分別被文化部和中國民族管絃樂學會命名為「中國馬頭琴之鄉」。二〇〇八年七月十五日，在北京奧運火炬傳遞松原站的起跑儀式上，二〇〇八把馬頭琴齊奏《永恆的聖火》等曲目，再次創下新的吉尼斯世界紀錄。前郭縣馬頭琴音樂已被列入國家級非物質文化遺產。

松原文化的樂章，從遠古的萌芽時期開始，即已登上歷史舞台。隨著民族

▲ 松原大喬

文化融合節奏的加快，新的文化形式的產生發展，歷史、民俗、生態、演藝和現代工業文化組成的精彩協奏曲，一直高潮迭起，形成了我們今天享受到的松原文化的華彩樂章。

第二章 ——

文化事件

　　松原文化源遠流長，滄桑百代，形成了一條歷史文化長河。在一萬多年前的松原域內，就有了人類活動。濊貊、扶餘、東胡、鮮卑等古代部族在這方熱土創造了燦爛的古代文明。從漢朝時起，中原思想文化逐漸傳入，與本地頗具民族特色的文化碰撞、融合，給這一方熱土留下了深厚的文化積澱。《鐵血女真》《洪皓》《尋訪松花江》等精品力作的問世，是文化積累的釋放；一年一度查干湖冰雪捕魚旅遊節的舉辦、松原文化網的開通，為擴大松原文化影響力打開了一扇扇亮窗。在長久的發展歷程中，松原相繼發生的歷史文化事件，成為城市印跡寶貴的歷史節點，孕育出獨特的文化氣質。城市在變化，松原在成長，文化在繁榮……伴隨著這座城市的成長，我們也滿懷敬意地去捕捉這片神奇土地上的每一個文化符號。這種民族化的精神支柱，是連接文化與城市、融合精神與物質的紐帶，在流金歲月裡，築起一座座巍峨的文化歷史豐碑。

考古發現舊石器晚期的「青山頭人」

一九八一年，吉林省地質局野外地質人員首次在前郭縣查干湖畔青山頭採集到一具人類頭骨。次年又先後發現一批人骨。一九八三年夏秋之際，中國科學院古脊椎動物與古人類研究所、吉林省考古研究所和吉林省地質局區域地質調查大隊組成聯合考察隊，對青山頭進行聯合考察。專家們一致認為，發現於青山頭細砂——亞砂土層中的人類股骨化石應屬於舊石器時代晚期智人化石。經 C14 測定，距今 10940±170 年。一九八四年初，吉林省文物考古所又一次在青山頭進行挖掘，獲得人骨化石一具，經 C-14 測定，距今九千年左右，應屬於新石器時代早期。古人類學家稱這一時期生活在這裡的人類為「青山頭人」（即查干淖爾人）。這是迄今為止在吉林省西部地區發現最早、延續時間最長的古人類。

▲ 青山頭人生存想像畫

《松原日報》正式創刊

隨著一九九二年七月一日松原市的成立，松原日報社於一九九三年十月十九日掛牌成立。作為松原市委機關報的《松原日報》也應運而生，於一九九四年一月一日正式創刊。當時，發行量為兩萬餘份，現已增加到三萬餘份，覆蓋全市城鄉各地，充分發揮了宣傳黨的主張、反應人民心聲的橋梁和紐帶作用，為促進松原經濟社會發展提供了有力的輿論支持。為了擴大《松原日報》的影響力和新聞宣傳效果，於二〇〇二年六月一日又創辦了《松原日報·晚報》，又於二〇〇四年八月十六日改為《松原日報·晨訓》。

舉辦吉林・查干湖首屆冰雪捕魚節

二〇〇二年十二月二十八日，在查干湖旅遊度假區舉辦了以「展示查干湖冬捕奇觀，打造生態旅遊精品」為宗旨，以「走進查干聖湖，體驗冬捕情趣」為主題的「吉林・查干湖首屆冰雪捕魚節」。舉辦了「冬捕節」開幕式。內容包括冰雪那達慕、冰上觀魚、冬捕奇觀文學筆會、乘馬拉爬犁遊覽查干湖冰封景色、查干湖「綠色魚產品」展銷洽談會、查干湖旅遊度假區建設項目洽談會、「漁家樂」等十幾項獨具特色的旅遊活動。充滿濃郁民族風情和地方特色的大型冰雕作品，扮靚了百里湖區。原滋原味的漁家傳統祭湖・醒網儀式，萬尾鮮魚出玉門的冬捕奇觀，鐵蹄踏破千重雪的馬拉爬犁比賽，銀杖輕點馳如飛的速降滑雪，童心未泯憶兒時的陀螺表演，滑冰車比賽等豐富多彩的冰雪活動令萬千遊人大飽眼福，有的遊客一展身手。《人民日報》、中央電視台等二十餘家新聞媒體前來採訪，擴大了松原的對外影響力。此後每年舉辦一次，更名為「中國・吉林查干湖冰雪漁獵文化旅遊節」。

▲ 查干湖冰雪捕魚旅遊節

吉林油田寶石花合唱團在維也納金色大廳成功演出

　　二〇〇七年二月三日，由吉林油田員工組成的寶石花合唱團，應邀參加了由中國音樂家協會等單位主辦的二〇〇七奧地利維也納中國新春音樂會，作為上半場的重要曲目，吉林油田寶石花合唱團演唱了《大漠之夜》《雕花的馬鞍》《愛我中華》三首歌，演唱時間共七分三十秒，演出取得巨大成功。這是中國石油人第一次走出國門，代表中國產業工人首次在世界最高音樂殿堂——維也納金色大廳放歌。中國駐奧大使盧永華稱讚：「中國石油合唱團為中國工人贏得了榮譽，為國家爭了光彩。」首次出國即登上金色大廳演唱的中國石油合唱團，以飽滿的熱情和昂揚豪邁的精神面貌，展現著中國工人的時代風采，他們把金鐘獎合唱金獎作品《大漠之夜》演唱得蕩氣迴腸，而根據名曲改編的合唱作品《愛我中華》演唱得氣勢恢宏。首演成功的消息很快就傳遍了中國石油戰線，中央電視台及一些省市媒體進行了報導，吉林油田寶石花合唱團聲振大江南北。

▲ 寶石花合唱團在金色大廳演出

松原文化網舉行開通儀式

二〇〇八年四月二十八日，松原文化網舉行開通儀式，時任市長孫鴻志親手點擊鼠標為網站開通剪綵。松原文化網的開通對推動松原文化事業大發展、大繁榮，提升松原文化軟實力，加快推進文化強市建設將起到積極作用。松原文化網是一個文化藝術類綜合性網站，網站共開設二十二個主欄目，一百五十

▲ 松原文化網開通

▲ 松原文化網截圖

個子欄目，十一個子網站，內容囊括了文學、戲劇、音樂、舞蹈、書法、美術、攝影等藝術門類，是全國最大的專業文化網站之一。自網站開通以來，一向本著打造文化松原，努力將其建成一座圖書館、一所大學、一個資料庫的原則，傳播文化知識。目前，有近萬人在網上發表各類文藝作品，錄入數據二十餘萬條，點擊量突破二三二萬人次。以信息量大、地域特色強、原創作品多、更新速度快的特點贏得了社會廣泛關注和好評，為廣大讀者暸解、研究松原地域文化提供了寶貴的資料。二〇一二年，松原市上報的典型經驗《為文藝事業插上網絡的翅膀》，參加了中國文聯組織的全國基層文聯網絡體系建設典型經驗徵集活動，並獲「三等獎」。

北京奧運聖火在松原傳遞

二〇〇八年七月十五日，北京奧運火炬接力松原站傳遞儀式在松原市奧林匹克文化公園舉行。時任市委書記藍軍代表松原市向北京奧組委火炬特使葉喬波贈送了一把特製的馬頭琴。葉喬波把點燃的奧運火炬交給時任市委書記藍軍，他又將火炬交給松原首任市長李述，開始了激動人心的大傳遞。頗具地域特色的二〇〇八把馬頭琴齊奏《永恆的聖火》（再次創吉尼斯世界紀錄）、五

▲ 北京奧運聖火在松原傳遞

百人的滿族格格舞和薩滿舞表演，將火炬傳遞儀式推向高潮。奧運火炬經八十五位火炬手傳遞，途經松原大路、烏蘭大街、石油廣場、市行政廣場、沿江路、五色廣場、松花江大橋至江北岸的東鎮廣場，在此舉行收火儀式。松原市萬人空巷，爭看傳遞盛況。沿途還有歌舞、大秧歌、太極拳、健身操等豐富多彩的文體表演。

松原市設立哈達山文藝獎和查干湖文學獎

二〇〇八年，為了充分調動廣大文藝工作者的積極性、主動性和創造性，表彰先進，松原市委、市政府出台了《關於繁榮發展松原文化的意見》，並批准設立松原文藝最高獎——哈達山文藝獎和查干湖文學獎，每兩年舉行一次。在首屆哈達山文藝獎和查干湖文學獎評獎中，經過組織專家團評審，市政府決定授予蘇赫巴魯、王迅等十人首屆「哈達山文藝獎」終身榮譽獎；劉燕、李靖等十四人獲首屆「哈達山文藝獎」特別貢獻獎；《皇天后土》等六十四部作品獲首屆「哈達山文藝獎」作品獎。《大野芳菲》等四十五部作品獲首屆「查干湖文學獎」作品獎。寧江區委宣傳部、前郭縣委宣傳部獲優秀組織獎。二〇〇九年五月二十一日，在市賓館會議中心隆重舉行首屆頒獎大會。

▲ 北京奧運聖火在松原傳遞

▲ 松原市文化「三館」開館慶典儀式

▲ 松原市文化「三館」

松原市文化「三館」建成開館

二〇〇八年，松原投資 6500 萬元開工建設市文化「三館」（即市圖書館、市博物館、市群眾藝術館）。文化「三館」坐落在人文氣息濃郁、人口密集的江南中山廣場，建築面積 15865 平方米，是全市標誌性文化建築之一，於二〇一一年十二月二十八日建成開館。市圖書館主體四層，建築面積 8010 平方米，設採編部、閱覽部、江北分館等九個部門，新書借閱室、多功能報告廳等十三個對外服務窗口，擁有讀者閱覽坐席一千個，配有計算機網絡系統、衛星通訊系統、安全防護監護系統、自動閱報查詢系統等現代化、智能化設施設備，為讀者提供文獻借閱、自修學習等多種服務，館藏文獻總量 238082 萬冊（件）。市博物館主體三層，建築面積 3532 平方米，是松原地區文物和標本的主要收藏機構、宣傳教育機構和科學研究機構，通過徵集收藏文物、標本，進行科學研究，舉辦陳列展覽，傳播歷史和科學文化知識，擔負著向廣大人民群眾進行愛國主義和社會主義教育的任務。市群眾藝術館主體三層，建築面積 4323 平方米，功能區設有劇場、綜合排練室、舞蹈教室、聲樂教室、器樂教室、自由活動室、非遺展廳、基層館站培訓教室、美術攝影書法教室、琴房等。文化「三館」的建成開館為進一步加強公共文化服務體系建設，不斷滿足全市人民精神文化需求提供了有利條件。

電視紀錄片《尋訪松花江》榮獲國際紀錄片銅獎

二〇〇五年五月，松原市電視台經濟·生活頻道推出了馬金峰、徐百傑等主創的大型紀錄片《尋訪松花江》，全景式展現了松原境內松花江兩岸的滄桑巨變和風土人情。由於觀眾反響強烈，二〇〇七年在新聞綜合頻道重播。該片共三十三集、播出十一

▲ 潘傑在個人書法展上

小時、解說詞十七萬字。這是松原市廣播電視總台建台以來拍攝的第一部全面反映松花江流域的電視紀錄片，對於研究松原歷史文化具有積極意義。該片先後獲得了十二項國際、國家級和省級大獎。二〇〇九年，獲第六屆國際紀錄片選片會銅獎，填補了松原電視台國際級獎項的空白。該片被中國廣播電視年鑑收錄，同時被吉林省檔案館永久性收藏。

松原市榮獲「中國楹聯文化市」稱號

二〇一〇年四月，松原市被中國楹聯學會授予「中國楹聯文化市」稱號，這是全國第十三個地市級楹聯文化城市，也是吉林省第一個楹聯文化城市。二〇一〇年五月二十七日，中國楹聯家學會會長孟繁錦、名譽會長常江、吉林省楹聯家協會領導和專家親臨松原舉行授牌儀式。時任市委書記藍軍出席儀式並講話，時任市長孫鴻志發來賀信。時任市委宣傳部長阿汝汗、時任副市長范鳳勤、市楹聯協會成員及楹聯愛好者五十餘人出席儀式。

▲ 松原被中國楹聯學會命名為「中國楹聯文化市」

成功申報第一批國家公共文化服務體系示範項目

為充分發揮典型示範、帶動作用，推動公共文化服務體系建設科學發展上

水平，二〇一一年，文化部、財政部開展了國家公共文化服務體系示範區（項目）創建工作。二〇一一年五月，松原市組織申報的「積極探索『種』文化模式 推動農民自辦文化健康發展」項目被確定為第一批國家公共文化服務體系示範項目，這也是全國唯一一個以農民為主體的自辦文化示範項目。二〇一二年，此項工作被吉林省委宣傳部評為全省宣傳思想文化工作創新獎。二〇一三年五月，在第一批國家公共文化服務體系示範項目驗收評審中，松原市農民自辦文化示範項目一次性順利通過，在全國中部十六個地區中排名第六。《從「送文化」到「種文化」》編入由中宣部牽頭，全國宣傳幹部學院主編的《2013年宣傳思想文化工作案例選編》一書中，作為文化案例，松原市的「種文化」模式被詳細剖析，不但展示了松原宣傳思想文化工作的成果，也為其他地區探索創新宣傳思想文化工作提供了借鑑。

▲ 第一批國家公共文化服務體系示範專案評審現場

首屆農民文化藝術節成功舉辦

為深入貫徹落實黨的十七屆六中全會精神，慶祝建市二十週年，推動全市新農村文化建設，展示新時代農民風采，豐富和活躍農民群眾的文化生活，二〇一二年六月至九月，市委宣傳部、市文化廣電新聞出版局舉辦了松原市首屆

▲ 松原市首屆農民文化藝術節

農民文化藝術節。開展了農民歌手大獎賽、農民二人轉表演大獎賽、農民秧歌大賽、農民健身秧歌比賽、農民書畫大賽及手工藝品展覽等一系列文化活動。活動參與面廣、主題突出、特色鮮明、健康向上、豐富多彩，取得了顯著成效，引起了強烈反響。通過村、鄉、縣區、市級層層選拔，上百萬農民參與活動，有一百名選手、四十三個集體入圍獲獎。

舉辦首屆非物質文化遺產保護成果展

為了繼承和弘揚中華民族優秀傳統文化，推動非物質文化遺產保護工作，

▲ 首屆非物質文化遺產保護成果展

二〇一二年十二月下旬至二〇一三年二月中旬，由市委宣傳部、市文化廣電新聞出版局主辦，市群眾藝術館承辦，各縣（市、區）委宣傳部、文化廣電新聞出版局協辦的松原市首屆非物質文化遺產保護成果展在市群眾藝術館展出。展覽共遴選出五十七個代表性項目，通過實物展示、圖片展覽、多媒體宣傳片以及傳承人現場工藝製作和表演等方式，全面系統地展示全市非物質文化遺產保護成果。通過展覽，普及非物質文化遺產知識，提高了公眾對非物質文化遺產保護意識，營造了全社會共同參與非物質文化遺產保護與傳承的良好氛圍。讓人們更多了解松原地域文化及風土人情，更加熱愛這歷史悠久、文脈綿長的家園。

松原市文化產業協會成立

二〇一三年六月十四日，松原市文化產業協會成立大會暨第一次會員代表大會在市賓館舉行。市委常委、宣傳部長徐淑紅出席會議並講話，就如何加強自身建設、發揮好協會職能作用等方面提出明確要求，副市長梁弘出席會議並

▲ 松原市文化產業協會成立大會

一同為協會成立揭匾。會議審議通過了《協會章程》和《選舉辦法》，選舉產生了協會第一屆理事會。文化產業協會的成立，將對培樹松原文化產業發展新理念、探索文化產業發展新路子、構建文化產業發展新格局、完善文化產業發展新機制、培育文化產業發展新主體、把文化資源優勢轉化為產業發展優勢等方面起到積極作用。

松原遼金歷史文化研究會成立

為了弘揚地域文化，建設文化強市，二〇一四年三月三十一日，中共松原市委宣傳部組織召開了遼金歷史文化研究會成立大會。吉林大學歷史系教授、博士生導師韓世明先生出席大會並致辭，市委常委、宣傳部長徐淑紅出席會議並講話，號召全市宣傳文化戰線的同志們，以研究會成立為契機，掀起遼金文化研究熱潮，打造獨具特色的松原文化品牌，建設文化強市。各縣（市、區）常委宣傳部長、副部長，文廣新局局長、副局長，文聯主席、副主席、市直宣傳文化系統部分中層以上幹部及研究會全體會員參加會議。大會通過了《松原遼金歷史文化研究會章程》和研究會會員名單、理事會名單及名譽會長、會長、副會長、秘書長名單，韓世明被聘為名譽會長，李旭光當選為會長。李旭光等六位同志在大會上發言，大會表彰了王維憲等八名對研究弘揚遼金歷史文化貢獻突出的同志，並頒發了獎牌。

▲ 松原遼金歷史文化研究會成立大會

第三章

——

文化名人

　　松原地方物華天寶，人傑地靈。日夜流淌的松花江，養育了松原各族人民，也培育出了一代代名士文人。松原文化的發展造就了他們，他們也用自己的血汗書寫著松原地域文化的華彩樂章。無論是在古代各部族互爭雄長的角逐行列裡，還是在近現代為自由解放和開發建設而拚搏的隊伍中，都曾湧現出一批批有識之士和民族菁英。其中，一代代的文化名人，用筆、用心、用血汗、用才藝，印證著松原地域文化發展的足跡，鑄就了松原地域文化的輝煌。每一位文化名人都是一面旗幟，一個榜樣。他們不僅以深厚的人文藝術素養影響著普通民眾的精神、氣質和生活，更薰陶著一大批藝術的追求者、熱愛者，促生著人才成長的「群落效應」——在松原土地上培養出一批又一批的文化藝術人才。

文學界

洪皓──《松漠紀聞》撰著者

洪皓（1088 年 - 1155 年），字光弼，鄱陽（今江西省樂平市嵒山）洪源村人，生於北宋哲宗（趙煦）元佑三年。

洪皓自幼聰敏，飽讀經史。少時即以才識名重鄉里。徽宗（趙佶）政和五年（1115 年）登進士第。初任寧海縣主簿，宣和年間改任秀州司祿。在任期間，秀州大水，百姓流離失所，餓殍遍野，洪皓越職開倉賑濟災民，並冒負罪之險截留浙東綱米數船救濟百姓，民眾譽之為「洪佛子」。

靖康之變後，金兵再次南侵，朝野惶然。洪皓「位卑未敢忘憂國」，數次上疏朝廷，對抗金與議和問題提出積極建議。在愛國將領張浚等推薦下，高宗破格召見廷對。建炎二年（1128 年），經張浚等保舉，洪皓連升五級，擢為徽猷閣待制，假禮部尚書，拜為大金通問使，奉詔出使金國。

▲ 洪皓北使不屈宋節圖

金兵統帥宗翰（即粘罕）屢次勸洪皓降金，許以高官，洪皓凜然回絕。宗翰遂令將其流放冷山（今黑龍江省五常一帶）。

洪皓雖囚居之人，但仍以傳播中原文化為己任。曾以樺皮為紙，親書《四書》以作教材，史稱「樺葉四書」。洪皓不但通過教館傳播中原文化，還向當地女真人民傳授生產技術。他自力墾荒，起屋造房，為當地人作示範。很多穴居的女真民戶受其影響，紛紛走出洞穴，墾荒務農，飼養禽畜，造屋建宅。冷山地方經濟很快得以發展，成為塞北荒原上一較大集市。

洪皓流放期間，遍遊金國北方各地，所到之處，都深入考察，對金國北方的山川地理、經濟物產、風土人情，以及金國歷史沿革、禮儀制度和軍國大事都作了詳細瞭解和記載。寧江州（州址在今松原市區北伯都鄉）距冷山較近，又是遼末金初時政治經濟軍事重鎮，係當年太祖起兵伐遼首克之都會，所以洪氏出遊考察，多次出入此地，並在其回國後編寫（據回憶口述尤其子記錄）《松漠紀聞》，其中著以較多筆墨記述了寧江州一帶風土民情。

金熙宗完顏亶皇統三年（1143年），得太子，大赦天下，洪皓亦被拘十五年之後得以放歸。

紹興十三年（1143年）七月，洪皓回到臨安。九月，授徽猷閣直學士，提舉萬壽觀兼直學士院。洪皓疾惡如仇，在朝中每有譏刺權奸秦檜之舉，故不久便被罷官。初貶知饒州，繼又貶任濠州團練副使，並閒置英州達九年之久。紹興二十五年（1115年）十月，洪皓奉旨再徙袁州。途次南雄州罹疾暫駐，二十日病逝於南雄州，終年六十八歲，諡忠宣。《宋史》有傳。著有《松漠紀聞》一卷、《鄱陽集》十卷。《彊村叢書》輯有《鄱陽詞》一卷。

洪皓知識淵博，於「書無所不讀，雖食不釋卷」，不但精通經學、史學，也精通詩文辭賦。留金期間曾經寫下上千首詩詞，金人「爭抄誦求鋟鋅」。作品還有《文集》《春秋紀詠》《帝王紀要》《姓氏指南》《金國文具錄》等。

薛赤兀兒──世界名著《蒙古秘史》撰寫者之一

薛赤兀兒，生卒年不詳，郭爾羅斯人。成吉思汗時期，蒙古豁羅剌思（即古郭爾羅斯）部一支的酋長，大蒙古汗國千戶長，《蒙古秘史》編著者之一。薛赤兀兒始見於《蒙古秘史》一二〇節。第一三〇節、一三一節、二〇二節，也有關於薛赤兀兒的記載。《蒙古秘史》是世界上第一部成吉思汗傳，是蒙古汗國時期的「國史」，是蒙古歷史、文學的「族碑」，是中華民族璀璨文化的「鏡鑑」，是世界文庫中的「瑰寶」。一九八九年，聯合國教科文組織執委會第一三一次會議將其列為世界歷史名著、文學經典，同時，號召其成員國，於一

▲ 薛赤兀兒

九九〇年為《蒙古秘史》成書七五〇週年舉行紀念活動。對一部書籍而言，這是最高的榮譽和獎賞。

薛赤兀兒，蒙古語「薛赤」與「薛禪」「薛扯」「徹辰」及今蒙古語「斯琴」均為同語，漢譯「智慧」之意；突厥語也有「官人」之意；「兀兒」漢譯為「山」，綜譯為「智慧之山」。

金大定二十五年（1184 年），鐵木真在妻子孛兒帖夫人被篾兒乞惕人擄走之後，與王汗、扎木合聯戰，打敗篾兒乞惕部，報了「奪妻之恨」。此後，鐵木真在扎木合所轄之地安營紮寨，與扎木合和睦友好地生活了一年半。期間，鐵木真深得人心。扎木合心胸狹隘，見鐵木真的聲譽日漸高漲，唯恐鐵木真的地位高於自己，便以「牧馬為貴，牧羊為賤」之說暗示鐵木真。鐵木真深知此話之意，在沒有與扎木合結下怨恨的時候，便星夜兼程帶著自己的人馬與扎木合分離了。天明時分，鐵木真方知，自己的隊伍在不斷擴大。離開扎木合尾隨鐵木真而來的眾多部落之中，就有薛赤兀兒率領的一支豁羅剌思部眾。此時，鐵木真尚未稱汗。

薛赤兀兒在《蒙古秘史》中第二次出現時，已經躍升為成吉思汗「司膳官」。

虎兒年（1206 年），成吉思汗征服所有居住氈帳的百姓，統一全蒙古，在斡難河的源頭，召集眾人舉行「呼裡勒台」大會，在聚會之地立起九足白旄纛。之後，成吉思汗又以褒揚之語，讚頌那些功臣、勇將：「輔佐我的有功之臣，為建立國家而效力的勇將，以千人為一戶，委命你們做千戶長，享有千戶那顏的封號。」在成吉思汗委任的九十九位「千戶那顏」中，薛赤兀兒就是其中的一位。

內蒙古巴雅爾教授標音的《蒙古秘史》代前言《關於〈蒙古秘史〉的作者和譯者》中，對成吉思汗的最高斷事官失吉忽禿忽、「必者赤」長（必者赤，即主文的令史官）怯烈歌等一一做了考證。巴雅爾教授說：「薛赤兀兒——蒙古豁羅剌思（郭爾羅斯）部人。一二〇六年，成吉思汗大封功臣時命為千戶官。後為必者赤……（薛赤兀兒）是蒙古帝國的開國功臣。後來調任秀魯花（御林軍）必者赤，成為皇帝的左右……綜上所述，我們認為《蒙古秘史》的作者，不會是別人，而只能是右丞相鎮海、必者赤長怯烈歌、必者赤薛赤兀兒等人。」

《蒙古秘史》專家阿爾達扎布，在新譯集注《蒙古秘史》一書中說：「薛赤兀兒祖先生於『金壺』裡，出於『高貴』之意。成吉思汗第十二代祖母阿蘭豁阿又生在此部。」

《蒙古秘史》被中外學者譽為「蒙古史三大要籍之首」「世界文學史上足以贊誇的神品」，不僅是一部填補世界歷史空白的史書，更是一部描述馬背民族成長經歷的文學作品。由於《蒙古秘史》的出現，才誕生了「秘史學」乃至「蒙古學」，並形成國際性學科。如果沒有《蒙古秘史》，在世界範疇內掀起的「蒙古學」熱，將是無源之水、無根之樹。

火原潔——翻譯家、多文種詞典《華夷譯語》編者之一

火原潔，生卒年不詳，元末明初郭爾羅斯人。著名蒙漢文翻譯家。初仕元朝，後在明朝為官。中國工具書史上第一部正規的多文種詞典《華夷譯語》編纂者之一，世界文學名著《元朝秘史》（即《蒙古秘史》）翻譯者之一。

元帝國疆域廣闊，民族眾多，先後設立了「蒙古房」「蒙古官學、唐古特學及托忒學」等官署，培養熟諳蒙文、藏文、托忒文的專門人才，併負責翻譯蒙、回、藏文書籍。明朝初年，為了了解元朝的情況，明洪武十五年（1382年）正月，明太祖朱元璋命時任翰林院侍講的蒙古族學者火原潔主持纂輯蒙漢文對照的詞彙集《華夷譯語》，明太祖朱元璋命通曉蒙漢兩種文字的翰林院侍

▲ 火原潔

講火源潔與編修馬沙亦黑二人，編纂一部「用漢字譯寫胡語」的詞典，這就是中國工具書史上第一部正規的多文種詞典——《華夷譯語》。

《華夷譯語》中收錄了多種少數民族文字，包括蒙古、女真、高昌（畏兀兒，即維吾爾）、西番（藏）、裸裸（彝）、壯、百夷（傣）等，蒙古文即八思巴文亦為其中一種。這部詞彙集刊發後對蒙漢語言溝通，促進民族關係，推動民族間的文化與經濟交流，研究當時的蒙古語言及歷史發揮了重要的作用。火原潔完成大型工具書《華夷譯語》後，又與馬沙亦黑一起聯手合譯蒙古第一部編年史書、文學名著《元朝秘史》（即《蒙古秘史》）。除將全書譯成漢文外，又把蒙古語原文用漢文逐字音譯（漢字標音，並逐詞作了旁譯），共分十二卷，二八二節。至明永樂年間，此書編入《永樂大典》，開始流布世界。

桑傑扎布——東方英雄史詩代表作《格斯爾傳》的翻譯者

桑傑扎布（1907 年 - 1979 年），蒙古族，吉林省前郭縣人。漢名陳麒麟，字亨瑞。日本東京早稻田大學畢業。回國後在大學任教。一生側重於蒙古族文學典籍的整理翻譯工作。翻譯整理蒙古族長篇英雄史詩《格斯爾傳》，漢譯尹湛納希創作的長篇傳記小說《青史演義》等。

郭爾羅斯王府屯南有一座蓮花池，池南有遼金時期的古城址，人們都叫它小城子。小城子不大，有蒙古大戶陳家，一百年前從卓索圖盟遷到此地立屯為寨。蒙古姓氏「陳日奴特」，簡化為陳姓。桑傑扎布就出生在陳氏家族中。

桑傑扎布屬羊，青少年時代曾在扶餘滿蒙校、奉天蒙旗師範就讀。民國二

十二年（1933 年）至二十七年，在日本東京早稻田大學政治經濟系學習。歸國後在偽滿州國興安總省王爺廟（今烏蘭浩特）興安學院任教，後調任扎蘭屯師範學校校長。

一九四五年，桑傑扎布回到家鄉郭爾羅斯前旗。同年八月，與中共地下黨組織負責人劉健民接觸，並輔助高萬寶扎布等蒙古族青年學生在中共領導下籌建「大同會」。在長春通過劉健民介紹，結識中共長春市委負責人趙東黎，並參加了中共在長春市舉辦的「馬列主義讀書班」。一九四五年冬，桑傑扎布任東蒙自治政府總務處處長，後任內蒙古自治運動聯合會執行委員兼常務委員。一九四七年擔任北安軍政大學歷史教員，講授蒙古史。

一九四八年，桑傑扎布任內蒙古自治區文史研究會主任，一九五三年七月調至內蒙古師範學院，任歷史系主任，講授中國古代史和蒙古史。一九六三年調任本院蒙古語言文學系副主任、教授。一九五四年至一九六六年間，任內蒙古第二屆至第五屆政協委員。

「文革」中，桑傑扎布被害致殘，一九七九年四月九日逝於呼和浩特。十一屆三中全會之後，被內蒙古人民政府追認為「人民教育家」。

桑傑扎布一生著述豐厚，翻譯整理的蒙古族長篇英雄史詩《格斯爾》，一九六〇年由人民文學出版社出版。漢譯尹湛納希創作的長篇傳記小說《清史演義》，是當前國內漢譯本的最高水平，被認作東方史詩的代表性作品。

姚奔——詩人、英漢雙語詞書編寫領域專家

姚奔（1919 年 - 1993 年），吉林省扶餘縣人，原名姚向之，後改名姚正基。一九三九年入復旦大學新聞系就讀，同年在《國民公報》《現代文藝》發表詩歌。一九四六年春加入中華全國文學工作者協會上海分會。早期代表作有詩歌《黎明的林子》等。建國後在《收穫》《上海文學》任編輯。著有詩集《給愛花者》《痛苦的十字》等。

一九四七年，姚奔和石嘯沖在上海創辦新聞通訊社，任總編輯。二十世紀

四〇年代，姚奔已是著名青年詩人，並列入東北作家群，代表作《黎明的林子》在青年詩歌愛好者中廣泛流傳。

一九五七年，姚奔在文學刊物《收穫》任編輯，編發過李英儒的著名長篇小說《野火春風鬥古城》，並寫了書評；編發了聞捷的長詩《動盪的年代》第一部《復仇的火焰》。不久，姚奔調到《上海文學》《萌芽》編輯部任詩歌組組長。寫過書評、編輯手記、雜文和作品分析二百餘篇，如《伯樂與「馬」》《鹿不是馬》《不說白不說》等，發表在上海《新民晚報》和《文匯報》上。有些雜文選入《上海雜文選》。

姚奔的譯作主要有《拜倫愛情詩選》（四川人民出版社出版）；譯詩收入《英詩金庫》《詩刊》《世界愛情詩薈萃》及《世界抒情詩選》等多種選本。還曾參加集體翻譯學術著作《亞洲巨人》《國際事務概覽：大戰前夕，1939》。

一九七七年，姚奔在上海譯文出版社參加《英漢大詞典》編撰工作，任編委和社科組負責人，負責條目的學術譯名及釋義的審訂和人名定稿，為此姚奔付出了後半生的心血。可當之無愧地稱之為「英漢雙語詞書編寫領域的專家」。

一九九三年，姚奔病逝，享年七十四歲。

超克圖納仁 —— 劇作家

超克圖納仁（1925 年 -   ），蒙古族，吉林省前郭縣人。一九五六年加入中國作家協會和中國戲劇家協會。作品有獨幕話劇《我們都是哨兵》，多幕話劇《巴音敖拉之歌》《金鷹》等。「文革」後與蘇赫巴魯合作創作了大型音樂話劇《嘎達梅林》及電影文學劇本《成吉思汗》等。出版有長篇小說《天驕軼事》（與琴子合著）、《超克圖納仁劇本選》等。

一九六四年二月，中國著名文學家、書法家鄧拓到呼和浩特參加華北局會議，接見了幾位呼市的蒙古族作家、劇作家、畫家。興餘，蘸墨揮毫，即興寫下了《歸塞北十一闋》，均為「憶江南」。當時，劇作家超克圖納仁在場。因其名為「強烈的陽光」之意，又因他的第一部大型多幕話劇為《巴音敖拉之

歌》，後寫話劇《金鷹》而譽滿劇壇。因此，鄧拓贈詞曰：「陽光照，大地試新衣。展翅金鷹關不住，巴音河上彩雲飛，牧野盼春歸。」

既是吉言，也是祝願。超克圖納仁的《金鷹》真的起飛了，飛得很遠，很遠。一九五七年，北京人民藝術劇院上演《金鷹》。一九五九年共和國在慶祝建國十週年之際，人民文學出版社出版精裝《金鷹》。《金鷹》劇本譯成英文在國外發行，並由香港鳳凰影片公司拍成彩色寬銀幕電影。由此，也給超克圖納仁帶來了殊榮。

超克圖納仁出生在郭爾羅斯前旗哈拉毛都鄉王府屯。屬烏梁海氏，簡姓為吳。一九四一年在北京匯文中學讀書。一九四六年在家鄉參加革命。一九四七年在內蒙古文工團當演員和創作員。

一九五八年，超克圖納仁任《草原》文學月刊副主編。一九六〇年入內蒙古大學文藝研究班學習，同年參加全國第三次文代會，被選為中國戲劇家協會理事。

一九五二年至一九五八年，超克圖納仁曾在錫林郭勒盟「安家落戶」，體驗生活。曾任區團委書記、牧業合作社黨支部委員、公社黨委副書記等職。從而積累了創作素材。這一時期，他寫了三部多幕話劇：《巴音敖拉之歌》（中國戲劇出版社，1957 年版）、《金鷹》（《劇本》1959 年第九期），還有七場話劇《嚴峻的歲月》（《草原》1963 年第一、三期。）

超克圖納仁的早期劇本作品獨幕話劇《我們都是哨兵》，曾參加全國話劇會演，榮獲一九五六年話劇創作三等獎。還有《丁思瑪》《長翅膀的心》《草原即景》《進行曲》《人民的使者》《黃羊灘》《銅錢鎖》《農村即景》《戈爾丹大叔》等十餘部小戲。此外，還與他人合作電影文學劇本《向東方》（《電影文學》1964 年）。一九六三年，日本國京都勤勞者演劇協會·人間座上演了超克圖納仁的獨幕話劇《戈爾丹大叔》。

「文革」之後，超克圖納仁重跨征鞍，創作發表了三場話劇《紅霞萬朵》、獨幕話劇《飛雪迎春》。一九八〇年，與蘇赫巴魯合作創作了大型音樂話劇

《嘎達梅林》。一九八三年，與蘇赫巴魯、琴子合作，創作電影文學劇本《成吉思汗》一、二集。一九八五年由內蒙古電影製片廠、北京青年電影製片廠聯合攝製，在國內外發行。劇本在《當代電影》《北國影劇》分別發表之後，一九八七年榮獲內蒙古自治區第二屆「薩日納」文藝創作一等獎，併入選《內蒙古電影劇本選》，由內蒙古人民出版社出版。

一九八四年，中國戲劇出版社出版了《超克圖納仁劇作選》。一九八六年，內蒙古人民出版社出版了《超克圖納仁劇本選》。超克圖納仁與琴子（當代女作家，扶餘縣人，超克圖納仁的妻子）合寫的九集電視連續劇《瀚海風雲路》已由中央電視台播出，與琴子合著的長篇小說《天驕軼事》，由內蒙古教育出版社出版發行。

梁信——電影《紅色娘子軍》作者

梁信（1926 年-　），原名郭良信，曾用筆名金城、文也凡。一九二六年三月二日出生在吉林省扶餘縣城郊，今松原市寧江區。祖籍山東，清光緒二十八年（1902 年）父母逃荒下關東，在松花江邊的新城落腳。梁信是廣州軍區政治部專業作家。中國作家協會會員、廣東作家協會理事；中國電影家協會理事、中國電影文學學會副會長、國際筆會廣州中心理事。一九五六年進入電影界，擔任影片《西遊記》的服裝指導。一九五八年創作電影劇本《紅色娘子軍》。一九六〇年根據所作長篇小說改編電影劇本《碧海丹心》。一九六二年調廣州部隊政治部創作組。一九七五年與人合作將話劇《南海長城》改編為電影劇本，並創作了電影劇本《特殊任務》。「文革」後，創作了《從奴隸到將軍》（上、下集）、《戰鬥年華》《紅姑寨恩仇記》等電影劇本。

中國著名評論家何寅泰編寫的《中國當代文學研究叢書·梁信研究專集》，由周揚、巴金、陳荒煤、馮牧任顧問，由茅盾親自作序。可見，梁信在中國電影文學史上所占據的位置。

何寅泰在《梁信小傳》中寫道：「梁信七歲喪父，母親給人當傭人多年。他八歲進入扶餘縣立第十小學，斷斷續續讀了五年小學。十二歲那年，辭別母

親，背井離鄉，外出流浪。從扶餘到長春、哈爾濱、肇東、安達，歷時七年多……在碼頭上收疊麻袋，在哈爾濱古老的有軌電車上當售票員，在肇東縣當鋪裡當學徒，在安達縣街頭賣香菸，在安達郊區氣象觀測所當雜工，歷盡千辛萬苦，飽嘗了人世的辛酸。」

一九四五年，梁信參加原蘇聯紅軍遠東紅旗旅，一九四六年後歷任東北民主聯軍松江軍區戰士、師宣傳隊員、師武工隊長，同年加入中國共產黨。他曾參加了東北戰場上所有的重大戰役，從圍困長春、四戰四平、遼瀋戰役、平津戰役，直至廣西戰役。一九五〇年奉命組織武工隊，曾任隊長又兼區委書記，參加了三年零三個月的廣西剿匪鬥爭，從此積累了豐富的戰鬥生活。

梁信雖然只讀過五年書，但他從小就喜歡聽故事、聽評書。在戰鬥之餘，利用空隙，閱讀了《詩經》《楚辭》、漢賦、元曲、明清小說、武俠小說、公案小說、佛教善書以及《聖經》等大量書籍。這些為他後來的文學創作奠定了堅實的基礎。

一九五〇年末，梁信創作了第一篇作品——獨幕劇《勇敢與機智》。一九五一年肄業於中央文學講習所。一九五三年一月調至中南軍區任專業創作員。此後，陸續發表了獨幕劇《我們的排長》《和洪水賽跑》，短篇小說《海上巡邏》、多幕劇《潁河兒女》以及雜文、劇評等。

一九五五年，梁信開始創作長篇小說《逆流》；一九五九年發表電影文學劇本《紅色娘子軍》，立即引起強烈反響。翌年，由天馬電影製片廠謝晉導演拍攝、製片成功。試放後，得到郭沫若等老一輩作家的熱情讚揚。郭老曾為影片親筆題詩；夏衍、田漢等寫了幾十篇專論在全國各大報刊發表。劇本譯成英文後，又接到許多國外讀者的來信。影片獲得第一屆電影「百花獎」的最佳獎、亞非電影節「萬隆大獎」「卡羅維・發列國際電影節」最佳編劇獎。同年，梁信在完成大型話劇《南海戰歌》（與人合作）的同時，出版了長篇小說《碧海丹心》。一九六〇年改編為電影，一九六一年由八一電影製片廠攝製成片。一九五九年七月，在中國戲劇家協會召開的《南海戰歌》座談會上，陽翰笙、

歐陽予倩、老舍、吳雪等名家對《南海戰歌》給予了充分的肯定。

《紅色娘子軍》成功地塑造了吳瓊花的典型形象，寫她的兩代冤仇，寫她從奴隸到戰士的成長過程及其人生歸宿。從而反映了第二次國內革命戰爭時期海南人民的艱苦生活與鬥爭精神。劇本富有傳奇色彩，吸引力強，真實自然，優美動人。《紅色娘子軍》的成功標誌著梁信的創作進入了一個新階段。

一九六二年，梁信加入中國作家協會，調至廣州軍區政治部創作組。這時他長期深入生活，到海防掛職，當副指導員、副教導員等。一九六五年十一月至一九六六年三月，他曾在家鄉——吉林省扶餘縣參加「四清」運動。在此期間，他利用工作之餘，創作了電影劇本《大雪長纓》（上下集）。

「文革」中，梁信「被專政七年，其中有三年半是在鐵窗中度過的……從而使我認識了更多的革命者的風骨，也看透了不少衣冠禽獸。」（引自《梁信電影劇作選·自傳》，上海文藝出版社 1980 年版）。至此，梁信擱筆多年。

一九七七年，他完成了長篇小說《虎嘯風雲記》（上冊）；同年創作了電影劇本《從奴隸到將軍》（上下集）。此片一九七八年開拍，一九七九年十月一日上映。它成功地塑造了從奴隸成長為將軍的羅霄英雄形象，深刻地反映了幾十年來中國革命的艱苦歷程和重大的歷史事變。此片於一九八三年獲文化部優秀影片獎、第一屆解放軍文藝獎、騰龍獎最佳編劇獎、文匯獎。一九七九年十一月，梁信應邀去日本訪問，他感到中華民族的乳汁是豐富的。電影創作，必須堅定地走民族化的道路。一九七九年至一九八三年的五年間，是梁信創作的盛產期、豐收期。這期間他創作了電影文學劇本《晚霞》（與殷淑敏合作）、《越女哀歌》《白馬紅姑》《特殊任務》《主犯在你身邊》等。

一九八一年，梁信發表電影劇本《風雨下鐘山》（與艾煊合作），此片也獲文化部優秀影片獎、第一屆解放軍文藝獎。一九八三年，梁信發表電影劇本《赤壁之戰》（上下集），劇本以《三國志》正史為主，參用《三國演義》為副，生動地反映了中國一千七百多年前赤壁之戰的情景，刻畫了當時偉大的軍事家和外交家曹操、周瑜、諸葛亮等英雄形象。

梁信將他的創作經驗概括、歸納為四句話：

借熟悉之人，演悲歡之事；抒一己之情，辯興亡之理。

梁信創作的成就是多方面的，在電影、話劇、小說等各個領域都取得了可喜的成就，尤以電影劇本創作的成就最為顯著。其中最為突出的是《紅色娘子軍》及《從奴隸到將軍》，這是梁信文學創作趨於成熟的重要標誌。

何寅泰在《梁信小傳》中寫道：「梁信的創作已逐漸形成了自己獨特的藝術風格，可用一個字來表達，就是『烈』，在『烈』字中求奇、趣、真、美。梁信筆下，人物的命運都是奇特的，平淡無奇的作品難以流傳下來。他的作品，不僅奇，而且有趣，好看，有很強的吸引力。當然，這種奇特不是怪誕，而是來自現實生活的土壤，是藝術的真實。梁信筆下的英雄形象都是美的，他們具有心靈、道德、友誼、情操的美，具有中華民族精神的美。無論是瓊花，還是羅霄，都具有這些美德，又都具有自己獨特的個性」（引自《梁信研究專集》，解放軍文藝出版社 1986 年版）。

梁信在《自傳》中寫道：「我的基本氣質是現實主義的。但我是個血性漢子，好激動，多聯想，不排斥浪漫主義；然而我排斥瞎浪漫，硬說教。對此點，我將終生不渝。」

李汝倫──當代著名詩詞作家

李汝倫（1930 年 - 2010 年），字懷仙，吉林省扶餘縣人。曾在三岔河鎮讀小學，後就讀於長春一中，東北師範大學中文系畢業。中國作協會員，民盟成員，曾任廣東中華詩詞學會常務副會長、廣東京劇藝術促進會副會長、《當代詩詞》主編。當代著名詩人、雜文家、詩詞理論家。出版著作有古典文學研究《杜詩論稿》、評論集《種瓜得豆集》、詩詞集《性靈草》《李汝倫雜文選粹》《李汝倫作品精粹》《舊瓶·新酒·辯護詞──當代詩詞研究論文集》、散文與雜文合集《蜂蝶無緣》、詩集《紫玉簫二集》等。其中，《紫玉簫集》獲第三屆廣東省魯迅文學獎，雜文集《和三個小猢猻對話》獲第五屆廣東省魯迅文藝

獎。

　　李汝倫的雜文，影響深廣。還在讀初中時，覺得有話要說，有感要發，就寫。文中總帶刺，對生活、現實不滿意，漆黑一團，發著霉氣、臭氣，就刺它一下，才覺得過癮。那時東北光復不久，來了一群國民黨兵，南方口音。嘴裡常說著「老百姓」三字。在東北人聽來就是「老不幸」。李汝倫是窮學生，炮火把生活來源給炸斷了，過著半飢半飽寄人籬下的生活。所以凡這類文章都用「小百姓」作筆名。

　　一九四九年，李汝倫進入大學，興趣逐漸轉移到故紙堆裡。再以後，磨難紛至沓來，雜文完全封筆。直到「文革」結束，才逐漸恢復了對雜文的興趣。

　　李汝倫最大的成就是詩歌，除寫古體詩詞、新詩外，還寫詩論、散文、隨筆等。李汝倫是一位詩人，不是一般詩人，是位大詩人。中國詩詞界向有南李北李之說，「北李」指的是荒蕪李及仁；「南李」說的便是李汝倫。此公博學多才，詩之外古典、評論、小說也擺弄；更兼工雜文，量雖不大，質卻頗高，不說字字珠璣，也可稱篇篇錦繡，在海內外學界得到極高的評價。

　　李汝倫創作出版主要的專著有：詩歌研究理論《杜詩論稿》《李杜略論》、散文集《種瓜得豆集》《性靈草》《紫玉簫集》、雜文集《三個小猢猻對話》《當代雜文選粹・李汝倫之卷》《學人文庫・蜂蝶無緣》等。

　　讀李汝倫的詩，首先感到的是並非明白如話，一覽無餘，而是要調動比較豐厚的知識庫存、反覆琢磨。李汝倫作詩，有時「今典」「古典」並用，構思獨特，觸景生情。《紫玉簫集》於一九八八年出版至今，期間整整經過二十六年漫長歲月的艱辛孕育。這七百多首詩，寫作時間跨度逾半個世紀。作者以其豐富的人生經歷為大背景，飽蘸血淚的情感為魂魄，給這個世界獻上一部形象的信史及足資借鑑的創新藝術、社會人生的深長思考，可謂刻骨銘心，篇篇感天動地。

　　李汝倫是純粹的詩人，在他的思想王國中，沒有任何封殺和禁區。他有一份大愛，其對立面便是大憎。他的悲天憫人，他的執著，就像普羅米修斯，盜

天火以亮人間。他是一位典型的理想主義者，對這個世界的文明與進步，人性清純的一面，曾有過熱情的謳歌，同時對社會的乖謬、荒誕、黑暗予以無情揭露，凌厲辛辣深刻地諷刺。他在真理面前是赤裸裸的，面對矯飾的謬誤，他是霸王之劍，鋒刃光寒。他的大憎，直指世間形形色色披著人皮的狼：騙子、奸徒、嫉妒者、造神者、扮神者、精神鴉片製造者、兩面派、左棍子、獨夫、賣國賊、貪官污吏。他有一部五十多萬字的家史兼自傳，《流年憶水》涉及中國近百年的家鄉、風土、人情以及坎坷的人生，可讀性很強。

李汝倫被譽為「文化崑崙」的錢鍾書。「李君文鋒芒四射，光焰萬丈，有『筆尖兒橫掃千軍』之概。」「李君飽經折磨，而意氣仍可以辟易萬夫，真可驚可佩。」「胸中涇渭分明，筆下風雷振盪，才氣之盛，少年人所不逮，極佩。」當代詩豪荒蕪先生對李汝倫人品詩品欽佩有加，曾譽稱「海內爭傳小李詩，豆棚瓜架雨絲絲。篇篇都是人間話，血淚斑斑勝楚辭。」

李汝倫是少有的集學者、作家、詩人於一身的人物，他的貢獻是劃時代的，令中國人引以為豪。他的另一本書《犁破荒原》，內中收有他的詩論、序、跋等文字，記錄他對詩詞事業的開拓、耕耘、收穫，並以這部書向世界作最後的告別演講。

王迅——著名民俗學家

王迅（1931 年 -　），滿族，民俗學家。筆名木鐸、柯實，別署野草軒主人，字涵之。中國民間文藝家協會會員，中國少數民族作家學會會員，吉林省民俗學會名譽理事長。

▲ 王迅

他一生喜歡民間文化，對民間文學、民間風俗情有獨鍾。他作為一個滿族人終生不倦地打撈蒙古族民間文學。他坐過最偏遠鄉村民間藝人家的熱炕頭，也登上過世界民俗學術研討會的最高殿堂。

幾十年歲月，幾十部專著。他像沙漠裡的駱駝，為了尋找綠洲，總是把駝鈴搖起。他一直在路上，為一個民族蒐集整理文化血脈。 當代著名文化人類學家，中國民間文藝家協會副主席曹保明先生在為他的傳說集《獵人與公主》作序時說：「一個地區被概括出『文

▲ 王迅作品

化』特徵，就必須有一批學者，為之獻身，為之努力；前郭爾羅斯文化的被提出、概括和形成，王迅就是構建者之一。」

王迅對東北民族民間文化研究大約開始於二十世紀五〇年代。五十多年的光陰流逝，記錄其腳步的是一位東北地域文化和民族民間文化學者的誕生。

一九三一年九月，王迅生於吉林省扶餘縣扶餘街。祖父為人剛正，深明大義，在病榻上，連續送走了慶祥（後改名致超）、慶元兩個兒子，進入山海關參加抗日戰爭。

一九四七年，前郭爾羅斯還處於戰火紛飛的解放戰爭前沿地區。就在這時，王迅參加了革命。從事小學教育十年，幹部理論教育三年。一九五九年五月調入前郭爾羅斯蒙古族自治縣文化館，從事群眾創作輔導和民族民間文化遺產挖掘、整理、編輯、研究工作。

王迅在工作中逐漸瞭解到郭爾羅斯是個古老的蒙古部落，這裡一度成了哲里木乃至全東北蒙古族的政治、文化中心，許多著名的民間藝術家常雲集這一帶，使郭爾羅斯貯存了相當豐富的民間文化遺產。他曾深情地說：「郭爾羅斯文學藝術事業，如同一個強大的磁場，有力地吸引著我，使我開始了長達五十餘年的長途跋涉。」當年的他，懷著遍地是寶，遍地可以俯身拾寶的激動心情走入了草原。

從事民間文學主要靠採風，採風如同採礦，珍貴的東西多不在表層。故事、歌謠雖然遍地皆是，但要採錄到一部珍品，卻如沙裡淘金。一九六二年，王迅在東三家子鄉五道營子屯訪到一位年近七十的老民間藝人康·哈日巴拉。得知老藝人能唱一部《英雄陶克陶胡》，他和一行人帶著乾糧，坐著膠皮軲轆大馬車，足足趕了四天泥水路才到距縣城三百里的老藝人家。由於那裡還沒有電不能錄音，就把老人請到縣裡，親自為老人燒炕打飯沏茶，請老人說唱「烏力格爾」（蒙古琴書），一直錄了八十三天，錄音六十七盤。又請專職翻譯漢譯了這篇一七〇〇〇行的民間敘事長詩。留下了一份彌足珍貴的蒙古族民間文化遺產。

但是，這部長篇烏力格爾（故事）採錄完成不久，「四清」運動開始了，接著「文革」鋪天蓋地而來。王迅參加抗日戰爭的兩個叔父，其中一個是國民黨政府軍少將師長，大陸解放前即僑居美國，擔任了洛杉磯旅美華僑東北同鄉會會長；另一個叔父黃埔軍校畢業後，擔任新七軍連長，在當時政治情況下，他們無疑都是「歷史反革命」。王迅遭到批判後，被註銷城鎮戶口下放農村。

逆境並未讓王迅消沉，更讓他有時間靜靜地博覽群書。從一九六六年到一九七六年，他精讀了一大批蒙古族史籍、名著，並讀了阿拉伯、印度、日本及中國各民族的優秀民間文學作品、民俗論著。在改革開放初期，他參加了中央民族學院舉辦的「民俗學、民間文藝學講習會」和中國民間文藝家協會舉辦的中國民間文學函授學習，系統地學習了民族學、民俗學、神話學、傳說學、歌謠學、美學以及中外民間文學史等，進一步奠定了搞好民間文學蒐集整理和民間文藝學、民俗學研究的基礎。

「文革」結束，吉林省委南湖會議宣布文藝各部門恢復工作。他立即與蘇赫巴魯、包廣林等商議出版《前郭爾羅斯民間文藝叢書》。歷時三年完成叢書，這套叢書包括：《郭爾羅斯蒙古族新民歌》《蒙古族婚禮歌》《東蒙風俗》《烏力格爾陶克陶胡》《蒙古族四絃琴演奏家蘇瑪及四弦獨奏曲》《龍梅——蒙古族傳統民歌》等共十輯。叢書被全國多家出版社出版發行，使前郭爾羅斯民

間文藝進入暖春時節。

　　二十世紀八〇年代，王迅擔任新組建的前郭縣文聯常務副主席。主持民間文學三套集成常務編輯工作，歷時十五個月，編印了《吉林省民間文學集成·前郭爾羅斯卷》，一九九三年十月，省民俗協會應邀去美國俄勒岡州參加世界民俗學術研討會第三十九屆年會。省民俗協會理事長夏映月、秘書長曹保明與王迅組成代表團參加會議，他在會上發表了論文《中國東部蒙古族說唱藝術考略》，獲得了極高讚譽。二〇〇二年，王迅已七十二歲，被前郭縣委、縣政府聘為「前郭縣旅遊開發顧問」。大批參觀者、記者等迫切需要瞭解郭爾羅斯的古老文化、歷史、風情、人物，於是他以一年出版一本書的速度出版了《郭爾羅斯考略》《郭爾羅斯風情》《郭爾羅斯民間文學類略》《獵人與公主》《前郭爾羅斯簡史·文化史》《迅雷·森德爾》《阿勇干·散迪爾》《查干湖志》《吉林省志·民俗志》《中國民間故事全書·吉林·前郭爾羅斯卷》。其中《郭爾羅斯考略》出版後曾三次印刷一次再版，總印數達四五〇〇冊。此書曾獲吉林省調查研究會社會科學成果獎著作類一等獎，又獲中華民族文學藝術創作研究中心金獎。二〇〇七年，王迅榮獲吉林省民間文藝家協會授予的「吉林省有突出貢獻的民間文藝工作者終身榮譽獎」；二〇一三年，八十三歲的王迅又喜獲第十一屆吉林省長白山文藝獎成就獎。

　　王迅從事民間文化挖掘、研究五十餘年，他為民間文化事業，特別是蒙古族民間文化事業的發展和繁榮所付出的努力和艱辛，所做出的貢獻和所保留的財富，體現的是他對民間文化的摯愛，更體現了他把一生獻給祖國民族文化事業的執著情懷。

戈非──著名詩人

　　戈非（1932 年 - 1992 年），滿族，原名關貴頤，吉林省長嶺縣人。中國作家協會會員。代表作有長詩《馬尾弦上流下來的歌》等。出版詩集有《金珠兒》《戈非詩選》《走向太陽》《淺草》等。

自一九四六年起，戈非先後任職於通遼哲里木盟軍分區宣傳隊，哲盟文工團，內蒙古東郊區文工團藝研室、呼倫貝爾盟文工團。擔任包頭市文工團創作組長，市文聯編輯，市文化局創研室負責人，包頭市委宣傳部文藝處長，市文聯副主席，《鹿鳴》主編，副編審。

一九八四年加入中國作家協會。著有詩集《金珠兒》《走向太陽》《淺草》《戈非詩選》等。詩歌《馬尾弦上流下來的歌》《草原的明天》分別獲內蒙古自治區成立十週年文學創作二等獎、一九八一年自治區文學創作三等獎。

一九五五年，戈非在《內蒙古日報》發表處女作《湖畔情歌》，此後創作了數百首抒情詩和敘事詩，出版多部詩集，四次在內蒙古自治區和全國少數民族的文學創作評獎中獲獎。他的詩，有的被譜成歌曲，有的被譯成蒙古文發表並收入《內蒙古詩選》，有三首被選入《中國新文藝大系·少數民族文學集》。

戈非的詩，蘊藉凝練，言約意豐，意在言外，微帶朦朧，具有獨特的審美價值。在內蒙古自治區，流傳著許多有關馬頭琴的故事。一位詩人筆下的傳說是這樣的：有個窮苦牧人的孩子，得到一匹可愛的小馬駒，並與這匹小馬駒相依為命。當地一個有權勢的牧主知道了，把馬駒搶走了。正當牧主大宴賓客，誇耀這匹寶馬的時候，馬駒掙脫韁繩朝著小主人家一路狂奔而去。牧主下令，用弓箭射擊馬駒。小馬駒中箭後繼續奔跑，當它回到小主人身邊時，倒在地上死去。小主人做了一個夢：馬駒讓他用馬骨做成琴柄，繃上馬皮，再用馬尾做成弓弦，製作一把馬頭琴。於是，他按照馬駒的意思做成了草原上第一把馬頭琴。這就是詩人戈非《馬尾弦上流下來的歌》中所敘述的故事。

《從馬尾弦上流下來的歌》是戈非的第四部長篇敘事詩，全詩約一二〇〇行，被評選為內蒙古優秀作品、全國少數民族優秀獲獎作品。

蘇赫巴魯──首屆「世界游牧民族文學大獎」唯一獲得者

蘇赫巴魯（1938 年 -　　），蒙古族，額魯特氏，曾任省政協常委、省文聯副主席、省作協副主席、中國蒙古文學學會副理事長、松原市政協副主席。著有《嘎達梅林》等七部長篇敘事詩。《少年鐵木真》等六部劇作。出版長篇小

▲ 蘇赫巴魯

說《大漠神雕》《成吉思汗‧一統蒙古》《成吉思汗‧開拓疆土》（台灣雲龍出版社）《鐵木真》《成吉思汗》（台灣知書房出版社）《蘇赫巴魯詩選》《蒙古行》等四十八部專著。首屆「世界游牧民族文學大獎」唯一特等獎獲得者。曾獲全國民間文學獎、吉林省首屆民俗獎、長白山文藝獎、長白山成就獎、東北文學獎、北方文學獎。二〇〇九年，出版三十捲本《蘇赫巴魯全集》。

一九三八年，蘇赫巴魯出生在瀋陽城一戶蒙古族舊官吏家中。因屬虎，故長輩賜名為蘇赫巴魯，漢譯威虎之意。童年飽經戰亂顛簸，輾轉於城市鄉村之間。十七歲學習作曲，接觸到小號、小提琴等樂器，從此開闢了其懵懂的藝術鴻蒙。一九五九年春天，蘇赫巴魯遇到敬仰已久的恩師蘇瑪，也遇到了與其牽手一生的知音其木格。至此，蘇赫巴魯毅然放棄赴京深造的機會，到前郭爾羅斯民族歌舞團任編劇兼作曲，正式拜蘇瑪為師，向其木格學習民歌。一九五九年底，在完成文學、音樂的創作之餘，記譜、整理《蘇瑪四絃琴曲一百首》，撰寫《蘇瑪四弦演奏法》一書，為草原文學聖殿獻上兩朵綺麗的藝術奇葩！

一九六一年，蘇赫巴魯與其木格一結秦晉。此後，連續發表四部長篇敘事詩和幾十首詩歌與詞曲，引起蒙古藝術界的廣泛關注。一九六六年，正值蘇赫巴魯創作的黃金時期，一場突如其來的政治風暴橫掃草原，家被抄了、書被毀了……蘇赫巴魯挈婦將雛，來到蒼茫的查乾花草原安家。困苦、清寒、勞碌，勾勒出艱辛慘澹的生活圖景。這人生的劫，既躲不過，唯有沉默接受。也許天將降大任，果真要苦其心志、勞其筋骨。冥冥之中，蘇赫巴魯覺得總有一種力量在支撐著他，那力量，緣自蒙古漢子骨血中承繼於先祖的豁達強悍，緣自摯

愛親人的樂觀寬容，緣自一腔痴迷民族藝術的執著與堅貞。

　　迎牧風，他吟詠《大鵬賦》；打野草，他吟誦《逍遙遊》；拾牛糞，他與民間藝人盤膝暢談，牛糞筐裡挎回來的是遺失久遠的民間故事；種菜園，他靜聽鄰居低吟的蒙古小調，默默在心中與之唱和……借車運柴，他賦詩；茅屋漏雨，他賦詩；喜得雙女，他亦賦詩。「在那個年代，我能在塞外郭爾羅斯草原一個偏僻的牧村，白天躲在馬肚下，黑夜蹲在茅屋裡，靠兩間茅屋，一盞油燈，靠一管鉛筆幾部史書，密密麻麻地積累著資料，我覺得這是一種『天助』。從那個時候起，我朦朦朧朧地產生了撰寫一部中國人乃至東方人籍以驕傲的一代天驕成吉思汗的慾望……」——若干年後，蘇赫巴魯在《自傳》中如是說。在蒼茫的查干花草原，蘇赫巴魯坐在昏黃的油燈下研讀史書、記錄筆記。十數載寒來暑往，完成數十萬字的筆記，為日後的創作奠定了堅實根基。

　　一九七七年金秋，蘇赫巴魯偶遇琴書世家的傳人特木爾巴根，並與之成為形影不離的神交。從此，蘇赫巴魯遊走於茫茫草原，於篝火旁、氈帳內、馬背上尋訪那些身懷絕藝的民間藝人，努力蒐集散落於民間的古籍史料。在異常窘迫的環境中，蘇赫巴魯用手中的一支筆，整理記錄民間故事、歌謠、諺語、民歌等十數類。其中從民間藝人寶音達賚口中採錄到一部完整的《蒙古族婚禮歌》，結束了吉林省沒有蒙古族專著出版的歷史。隨之，《阿勇干・散迪爾》《蒙古族風俗志》等十數部著作相繼問世。

　　蘇赫巴魯潛心為創作《成吉思汗》蒐集素材的時候，正是一家人物質上最艱難窘困的時期。為了使成吉思汗的形象更生動、更逼真，他懷著愧疚，帶著僅有的微薄收入多次赴內蒙古，訪遍鄂爾多斯高原，拜謁成吉思汗陵，走訪許多諳熟歷史的老人，蒐集大量珍貴豐富的史料。至此，蘇赫巴魯成為以漢文形式撰寫成吉思汗傳記小說的第一人。一九九三年七月，在首屆「世界蒙古文學作家大會」上，《大漠神雕・成吉思汗傳》榮獲大會設立的唯一特等獎「成吉思汗虎頭令牌」特別獎，《大漠神雕・成吉思汗傳》成為蘇赫巴魯先生的成名作和代表作，奠定了其在蒙古文壇不可撼動的輝煌地位。

蘇赫巴魯在查干花草原蟄伏十數年。他寫詩歌，痴迷至「每得一詩，猶獲一子」的境界。格律詩韻味天成；抒情詩意境空靈；敘事詩遼遠深邃……他寫散文，下筆如鷹飛馬馳，落墨似鸞回鳳囈。他寫傳記，追求「文史並蔫、韻文比翼」的風格。他寫歌詞，心中蒸騰著民族的情感。他寫民俗，把民族風俗的芬芳和草原牧歌的醇香從空洞概念的幽谷中挖掘出來，再現了蒙古民族的豪放之美、剽悍之美、深沉之美。文如其人。在蘇赫巴魯身上，具有一種特別的親和力，這種親和力，不是靠口若懸河筆下珠璣所傳遞發散出來的，這種籠罩自蘇赫巴魯先生周身的親和力，是一種氣，氣質之氣、氣場之氣、浩然之氣、豁達之氣、謙謹之氣。

　　他視朋友如手足，每年除夕夜，蘇赫巴魯都會坐在燈下整理友人的信件，並認真為每一封信編號，再將這一年的信件工工整整的抄錄在筆記本上。五十多年來，他手中珍藏了一萬多封朋友手寫的信件，那些珍貴的情誼被蘇赫巴魯以一種溫暖的方式陳封。

▲ 蘇赫巴魯出版著作

他是彪悍的蒙古漢子，「大喜之後誦書，聲必高朗；大怒之後吹簫，音必剛亢」。他是文雅的書生，對文字痴迷至「仰而思、俯而讀」。在查干花草原的五尺茅屋，他露雨代茶、研血著書；在松花江畔的蘇寶齋中，他「息作入、作為出」，沉溺於藝術創作，不能自拔。

　　他樂觀，借車伐薪，泥路上的車輪印痕亦可入詩；茅屋漏雨，挪酸菜缸接雨，居然也能和詩。他勤奮，告誡晚輩，「信賴天才的人，吊死在悲樹下。信賴勤奮的人，沙漠上可種花」。他執著，告誡自己：文學是艱難的苦旅，哪怕「合掌為杯，濁水為酒」也要本著「大漠無驛站，呼嘯不下鞍」的精神，喚民族之魂，感衰敗之慨。他像負重的金駝，以「日月為輪，銀河為轍」的氣度，寫下錦繡篇章……五十載嘔心耕耘，榮譽等身。然而，面對眾多榮譽，蘇赫巴魯先生依然「背負多鞍，歸其一路」。這個「路」，就是文學創作之路，這條路，他走了五十年……無論是身處逆境、雜務纏身，還是身染頑疾，無論是在查花草原風雨飄搖的茅屋，還是松花江畔書香縈繞的蘇寶齋，他始終沒有放下手中的筆。

　　一九五九年，蘇赫巴魯完成《蘇瑪四弦演奏法》，整理《蘇瑪琴曲一百首》。二十世紀六〇年代，創作出《草原洪浪》等三部民族歌劇、好來寶劇《巴圖應徵》及長篇敘事詩《草原風暴》三部曲（合作），發表第四部長篇敘事詩《牧人歌手唱達蘭》（收入《中國新文藝大系·少數民族文學專集》）。一九八四年，蘇赫巴魯與超克圖納仁合作的電影《成吉思汗》（一、二集）獲「薩日納」一等獎；一九八七年創作的電視劇《太陽的女兒》（合作）在央視播出。一九九六年八月，與日本 NTV 電視台合作大型文獻專題片《世界征服王傳說》。出版《蒙古族婚禮歌》《成吉思汗的故事》、長篇傳記小說《成吉思汗傳說》《蒙古族風俗志》（與王迅合著），《成吉思汗傳·一統蒙古》《成吉思汗傳·開疆拓土》（台灣雲龍出版社）、《鐵木真》《成吉思汗》（台灣知書房出版社）、長篇傳記小說《戈壁之鷹》（蒙古文版）、《大漠神雕》《蘇赫巴魯詩選》、散文集《蒙古行》、長篇傳記小說《漠南神筆·古拉蘭薩傳》《嘎達梅林》《陶克陶

胡傳》（與博‧巴彥都楞合作）、長篇小說《宮廷情獵》《大野芳菲——丹麥探險家與蒙古王女》《蒙古秘史白話故事本》（均與珊丹合作）、《吉林蒙古人》等四十八部專著。二〇〇九年九月，《蘇赫巴魯全集》三十卷正式出版。這部包括小說、詩歌、歌曲、散文、傳記、歌劇、話劇、好來寶劇、英雄史詩、民歌、故事、諺語、論文、評論、民俗等多種文體樣式的文學巨著，是蘇赫巴魯先生用心血與汗水獻給故鄉、獻給祖國的文化瑰寶。

王永奇——《聖水湖畔》編劇之一

　　王永奇（1944 年 -　　），筆名大可、賢心。一九四四年生於山西省太原市，祖籍遼寧省遼陽市。現任松原市作協副主席，松原市影視家協會副主席。短篇小說《炊煙裊裊》獲一九八〇年吉林省首屆文學獎，另有九篇作品在省市和地區獲獎。先後創作長篇小說《長嶺剿匪記》《萬督軍傳》《鴿子樓》《聖水湖畔》（與何慶魁合著）。從一九九四年開始電視劇創作，已經拍攝的有《聖水湖畔》第一部、第二部、《農家十二月》《恭喜發財》、三十集電視連續劇《好子多福》。二〇一一年，二十八集電視連續劇《喜臨門》在黑龍江衛視等全國二十多家電視台播出。

　　王永奇被譽為寫農村題材的聖手。《聖水湖畔》是一部反映農村生活的力作。馬蓮、鄉長、鄉書記、村長、黃金貴……劇中人物個性鮮明，潑者近乎瘋狂，憨者近乎愚痴，農村生活的本色七彩斑斕。新時代農民的喜怒哀樂、恩怨情愁，如七月的沃野良田，充滿勃勃生機，又如萬種情思悠悠，剪不斷，理還亂。

　　《喜臨門》全景式地展示了農村的新貌，真實地反映出農民在社會主義新農村建設中

▲ 王永奇

的喜怒哀樂，農村普遍存在的一系列矛盾。王永奇說：「農村養老是一個大問題，手足間的利益糾葛問題，新農合的普及問題，都是農民們最關心的生活問題，也是必須要解決的問題，只有破解了醫療、教育、養老這些農民迫切關注的難題，九億農民才會真正享受到社會主義新農村建設的溫暖。」

王永奇從青年時代酷愛文學，業餘從事文學創作幾十年。如今年近七旬，還是筆耕不輟，精氣十足，創作雄心依然不減。

郝國忱──文華大獎、飛天獎獲得者

郝國忱（1945 年 -　），吉林省長嶺縣人。中國戲劇家協會會員，國家一級編劇。曾任吉林省藝術創作研究院院長、省戲劇家協會主席等職。吉林省劇作家協會主席、吉林省藝術研究院名譽院長。主要作品：話劇《昨天、今天和明天》（獲第三屆全國優秀劇本創作獎）、話劇《榆樹屯風情》（獲第四屆全國優秀劇本創作獎）、京劇《高高的煉塔》（獲第六屆全國優秀劇本創作獎、文華大獎、「五個一工程」獎）、評劇《多彩的夢》（獲紀念成兆才誕辰 120 週年全國評劇新劇目交流演出優秀劇目獎）、拉場戲《離婚夫妻》（獲文化部文華新節目獎）、電影《喜蓮》（獲 1996 年中國電影華表獎優秀編劇獎、「五個一工程」獎）、二十集電視劇《海風吹過鄉村》（獲中國電視劇飛天獎）等。出版有戲劇集《郝國忱劇作選》、小說集《仙緣》。一九八八年榮獲首屆中國話劇金獅獎優秀編劇獎。一九九六年榮獲長白山文藝獎成就獎。一九九九年榮獲世紀藝術金獎。

藝術魅力源於發現。郝國忱就是善於發現的藝術家。

郝國忱創作的《海風吹過鄉村》《莊稼院的年輕人》《從頭再來》等劇作，不但從中央電視台播撒到全國的千家萬戶，也為中國各大電視獎項的評委所青睞。他的劇作「靠生活說話，靠積累說話，靠真實說話」。在那些耀眼的國家級大獎之外，他更是老百姓喜愛的藝術家。

國內多部「當代話劇史」為郝國忱設立了單獨的章節。一九七二年，郝國

忧從東北師範大學畢業回到家鄉長嶺縣，不久便創作一齣話劇《主課》，其鮮活生動的人物設計一反當時刻板的「樣板」遺風，受到省內各界的重視，後來幾經改寫，直至演遍全中國。正是這出話劇，為郝國忱打開了藝術之門。

郝國忱的創作，鄉村題材占很大比例。而他的童年就棲身在科爾沁大草原邊上的一個小村落，兒時的往事，不只是記憶，更是他成長的營養。那遼闊的草原，純淨的空氣，自由的奔跑，換來了敏銳的感悟和奔放的靈魂。

一九八一年，郝國忱任職於吉林省戲劇創作評論室，掛職腰坨子公社副主任體驗生活，再次回到家鄉長嶺縣。這一年，他創作了八篇短篇小說，兩個獨幕話劇。第二年，標誌劇作成熟並得到權威認可的大型話劇《昨天、今天和明天》誕生。

一九九四年，郝國忱開始創作電視劇本、電影劇本。媒體時代的到來，已經不可逆轉。每天夜幕降臨，中國大地上家家戶戶的窗戶裡透出電視機斑斕的光芒。投入影視劇創作的懷抱，使郝國忱有了另外的寄託。這一年，他和劇作家郭中束合作寫出了二十五集電視連續劇《還鄉》，一九九六年創作了電影《喜蓮》劇本。《喜蓮》獲得中國電影華表獎優秀編劇獎、「五個一工程」獎。一九九七年，郝國忱創作出至今自己最為喜愛的一部電視劇《海風吹過鄉村》，又獲得了一系列大獎。二〇〇四年央視播出的《從頭再來》最為人所熟悉。

郝國忱的得意之作是話劇《扎龍屯》，雖然它未曾獲獎。《扎龍屯》寫了農民三十年的情感經歷，情感是郝國忱劇作中不可或缺的元素，他的情感是一種大情感，不僅是具體的愛情、親情，更有民族的、歷史的情感，也有一種對人生所具有的特殊感情。

陳喜儒──著名日本文學翻譯家

陳喜儒（1946 年 - ），吉林省乾安縣人。一九六八年畢業於大連外語學院日語專業。長期從事對外文化交流工作，業餘創作，研究、翻譯日本當代文學作品。著有散文集《異國家書》《心靈的橋梁》，譯著日本長篇小說《雪娘》

等二十餘部，編譯《日中戰後關係史》，主編《世界推理偵探小說名著精選》（5 卷）、《立松和平文集》（3 卷）等，另外發表中短篇小說、散文等二百餘篇。翻譯日語著作上百部，在海外發表的作品有六十餘篇。

一九六〇年，陳喜儒開始發表作品。一九八五年加入中國作家協會。歷任中國國際圖書進出口公司亞洲處日本科翻譯，中國作家協會外聯部翻譯、處長，中國日本文學研究會副會長。一九九六年秋至一九九七年秋，應日本國際交流會邀請，赴日進行《中日純文學之比較研究》，先後訪問日本幾十

▲　《櫻花點綴的記憶》封面

次，並出訪東南亞、阿拉伯、非洲等二十幾個國家進行文學交流。

陳喜儒深受巴金賞識，曾三次陪同巴金訪問日本。一九九〇年，陳喜儒作為巴金的外事秘書、翻譯，陪同巴金去福崗領取「亞洲文化獎創設特別獎」。

《日本文學》雜誌是當時日本文學研究的最前沿陣地。渡邊淳一的作品第一次被介紹到中國是一九八四年。這一年，陳喜儒翻譯了渡邊淳一的《光和影》一文，並刊載於一九八四年第二期的《日本文學》雜誌上。

《櫻花點綴的記憶》是一部別具個性的散文隨筆薈萃，適合在山光水色中伴著咖啡或香茗悠閒地閱讀消遣。陳喜儒是時下外國文學研究領域中的代表性人物，既是學術領域的專家，又在散文隨筆寫作方面頗有建樹。陳喜儒常年浸潤在外國文學和文化中，嚴謹縝密的思維和自由瀟灑的漫筆交互影響，使得筆下揮灑的既是對外國文化的一種私人詮釋，又是優游放浪的詩性釋放。

耿鐵華——高句麗歷史與考古研究者

耿鐵華（1947 年 - ）出生於吉林省扶餘縣，一九七五年吉林師範大學歷

▲ 耿鐵華

史系畢業，一九八一年考入東北師範大學歷史系先秦史專業研究生，師從徐喜展、萬久河等著名先秦史、秦漢史、考古學專家，具有深厚的文獻學、古文字學和考古學功底。在中國文明起源、監國製度、先秦文物研究方面有獨到建樹。曾任集安市博物館副館長、副研究館員、通化師範學院高句麗研究院院長、歷史系教授，兼任吉林省社會科學高句麗重點研究基地主任，吉林省高校人文社會科學重點研究基地主任，東北師範大學博士生、碩士生導師，吉林師範大學碩士生導師，《高句麗與東北民族研究》主編。

二〇〇四年七月一日，集安高句麗王城王陵及貴族墓葬被正式批准列入「世界遺產名錄」。消息傳來，作為高句麗歷史與考古研究的學者耿鐵華淚掛兩腮，激動不已。為了這些遺跡的考古、發掘、研究與保護，他殫精竭慮三十載，兩鬢已染霜花。

一九八二年，耿鐵華作為「文革」後第一批歷史學碩士研究生畢業後，他放棄了高校教師的職業，選擇了集安，來到這個曾是高句麗王都的城門下，開始尋找那把打開城門的鑰匙。從那時起，他重點從事東北民族與疆域的歷史學、考古學研究。特別是在擔任集安博物館業務館長期間，全身心地投入到高句麗歷史文物考古研究中，他的足跡遍布人跡罕見的荒山野嶺，多次對吉林、遼寧境內的高句麗文物遺跡進行實地調查與研究，曾作為洞溝古墓群「八五」維修項目專家組成員主持並參與了高句麗古墓遺址發掘及壁畫古墓的維修工作，對朝鮮半島高句麗、新羅、百濟故地進行過實地考察與研究。其研究成果受到國內外的重視，也推動和影響了中國以及鄰國學者對高句麗歷史和考古方面的研究。一九九八年，他率先在大學歷史系開設了「中國高句麗史」課程，

主持編寫教材和教學大綱，現已成為吉林省重點特色學科，吉林省優秀課程、精品課程。

三十多年的刻苦鑽研和辛勤筆耕，耿鐵華先後出版了《中國高句麗史》《高句麗史論稿》《高句麗考古研究》《好太王碑新考》《好太王碑一千五百八十年祭》《高句麗史論稿》《高句麗瓦當研究》《高句麗歷史與文化研究》《高句麗歸屬問題研究》《高句麗古墓壁畫研究》《中國高句麗王城王陵及貴族墓葬》《高句麗研究史》《高句麗好太王碑》《通化師範學院藏好太王碑搨本》等二十多部專著。這些論著遍及高句麗歷史、古城遺址、古墓壁畫、碑碣石刻、文獻整理等各個領域，為中國高句麗學建設做出了突出貢獻，在國內外高句麗研究領域享有盛名。在國內外重要期刊、核心期刊發表了《中國文明起源的考古學研究》《先秦時期的宦官》《應監考釋》《監國製度考》《好太王碑無完整搨本》等論文一七〇多篇。多項主持國家、東北工程項目及省部級科研項目，多次獲省級以上科研教學獎勵。《中國高句麗史》獲吉林省政府圖書出版一等獎、吉林省哲學社會科學著作二等獎、長白山優秀圖書一等獎，《好太王碑一千五百八十年祭》《高句麗考古研究》獲吉林省社科聯優秀著作獎，《高句麗史簡編》獲吉林省優秀教材二等獎，《高句麗古墓壁畫研究》獲吉林省哲學社會科學學術著作一等獎。

二〇一二年七月二十九日，集安麻線河右岸出土一塊高句麗時期石碑，耿鐵華作為專家組組長，主持了文字考釋與研究，完成了《集安高句麗碑》的寫作與出版工作，在國內外引起反響。耿鐵華和董峰發表在《社會科學戰線》二〇一三年第五期的文章《新發現的集安高句麗碑初步研究》被《新華文摘》二〇一三年第十四期轉載。

鑒於耿鐵華教授對高句麗歷史與考古研究方面的貢獻，先後被授予「吉林省師德先進個人」「全國八十年代優秀大學生」「九三學社全國先進個人」等榮譽稱號，享受國務院特殊津貼。

二〇一四年恰逢好太王碑建立一千六百年，耿鐵華將再次與國內外著名專

家學者合作，對好太王碑進行深入研究。他們的研究成果將同好太王碑一樣萬代流芳。

何慶魁——央視春晚小品編劇一等獎獲得者

▲ 何慶魁

何慶魁（1948 年 -　），生於扶餘縣，國家一級編劇。小品《包袱》獲一九九二年全國笑星大賽一等獎；小品《密碼》獲一九九四年春節聯歡晚會三等獎 ；小品《紅高粱模特隊》獲一九九七年春節聯歡晚會二等獎；小品《柳暗花明》獲一九九七年春節聯歡晚會三等獎；小品《拜年》獲一九九八年春節聯歡晚會二等獎；小品《將心比心》獲一九九九年春節聯歡晚會三等獎；小品《昨天、今天、明天》獲一九九九年春節聯歡晚會一等獎；小品《鐘點工》獲二〇〇〇年春節晚會一等獎；小品《賣拐》《賣車》《心病》《送水》等分別獲二〇〇一年、二〇〇二年、二〇〇三年和二〇〇四年春節聯歡晚會一等獎。創作電視劇《劉老根2》和《聖水湖畔》等。

在國內戲劇創作圈裡，何慶魁是個傳奇，也是個例外。他生於農家，念了七年半的書，初中二年級就不上學了。他當過三年兵，賣過三年菜，打了二十多年魚，如今是大紅大紫的著名編劇，依然是農村戶口，靠著手中的筆養活自己。一九九七年，他與趙本山牽手，作為趙本山、高秀敏、范偉「鐵三角」喜劇表演的編劇，他的作品不僅屢獲大獎，而且也為億萬觀眾帶去無數歡樂與笑聲。在廣大觀眾的眼裡，他與那三個大活寶一樣都是「搞笑大師」……

何慶魁出生於吉林省扶餘縣四馬架鄉孤家子村，家境貧寒，兄弟姐妹五個，因父親身體有疾，長年臥床不起，長子何慶魁十四歲就歇書在家幹體力活

了。冬天刨糞，論車記工分，刨一車糞記兩分，一天下來身子骨單薄的何慶魁回去就累得不行，於是何慶魁就找到大隊業餘劇團的領導，要求跟著戲班子打雜。劇團裡正缺人手，何慶魁一去就搞起了二人轉。頭些年悄無聲息，直到十七歲那年，他編的二人轉《兩個記分員》在吉林省《紅色社員報》發表，一下子讓人刮目相看。

十九歲，何慶魁入伍，成為一名哨兵。那時，部隊天天學習毛主席語錄。何慶魁學習用功，能背誦好幾本。後來，營裡推薦他到省軍區毛澤東思想業餘文藝宣傳隊。何慶魁如魚得水，很快就成為演出隊裡的大拿，帶弦的能拉，帶眼的能吹，鑼鼓能敲，快板會打，還能照貓畫虎搞創作。

復員後，何慶魁開始打魚生涯。他長得瘦小，但在船上，他是「頭兒」，船往哪劃？網往哪撒？鉤朝哪下？夥計們全得聽他的。他有本事，松花江裡就沒有他捕不上來的魚。大雪封江，何慶魁偶爾進城蹲馬路牙子賣點兒菜，剩下大部分時間就是看書，或到農民小劇團裡活動。有一年冬季，他把趙樹理的小說《小二黑結婚》改編成二人轉的拉場戲，並親自登場演了一把「小二黑」。

一九八四的夏天，何慶魁正在忙著打魚，突然接到通知，縣裡推薦他自費參加吉林省戲劇創作研修班的學習。打魚能掙錢，學習要交錢。但他還是放下魚網，交錢去學習了四十多天。

何慶魁最難忘的是一九八六年打魚丟了漁具，當年的麥子還沒有賣，沒有錢過年。二兒子用鐵鍬從院子中挖出一個鐵盒子，裡面有積攢已久的三塊錢。何慶魁如獲至寶，就用這三塊錢，全家人過了一個年。年三十家裡沒有鞭炮，只放了三個雷管。三聲巨響之後，彷彿一下子炸掉了晦氣，他的運氣慢慢好了起來。

一九八八年，何慶魁創作的二人轉段子《誰娶誰》獲吉林省一等獎。一九八九年，何慶魁又寫了三個二人轉本子，三個作品分別獲得了全國和吉林省的大獎。至此，何慶魁走進縣劇團，當上了編劇。一九九二年，全國電視笑星大獎賽在深圳舉行，何慶魁創作的小品《包袱》第一次走上全國舞台。該小品由

演東北二人轉為特長的高秀敏主演。經過三天的激烈角逐，小品《包袱》奪得了這次大賽唯一的金獎。

一九九四年，他創作的小品《密碼》第一次打入春節晚會後，幾乎是年年有新作，每次都獲獎。小品《昨天、今天、明天》《鐘點工》《賣車》《賣拐》等獲中央電視台春節晚會一等獎，《紅高粱模特隊》《拜年》等獲中央電視台春節晚會二等獎，此外，他創作的影視劇作品有《一鄉之長》《夜深人不靜》《農家十二月》《一笑治百病》《劉老根》《男婦女主任》《我愛我爹》等。

馮延飛──「田野」三部曲編劇

▲ 馮延飛

馮延飛（1948 年 - ），吉林省長嶺縣人。中國戲劇家協會會員，國家一級編劇，現供職於吉林省藝術研究所。有《王顯能》《牛得財告狀》《約會》《醉打電話》等劇作在全國獲獎。後又創作了電視連續劇《希望的田野》《美麗的田野》《永遠的田野》等名作。

馮延飛曾務農十三載，一九八〇年開始從事戲劇文學創作。《王顯能》獲首屆全國優秀劇本獎。《牛得財告狀》《約會》《醉打電話》等獲東北三省創作一等獎、創作獎。《潘大懶相親》獲吉林省一九八〇年戲劇創作獎。小戲曲《鞭炮聲》獲《戲劇創作》首屆「飛虎獎」。撰寫各類文章、散文、小說百餘萬字，散見各類報刊。

馮延飛的作品鄉土氣息濃郁，這不僅僅因為他曾經常年在農村生活，也因為他對黑土地的愛戀。馮延飛說：「有時候開車經過莊稼地，我總忍不住下車看看。我就樂意跟東北老鄉在一塊兒，喝酒也帶勁兒，嘮嗑也有話。」

馮延飛在創作作品之前，總是花一個月左右的時間體驗生活。除了對藝術創作的專業精神外，馮延飛還對東北文化有一種責任感。他說：「東北文化是中國文化不可缺少的一部分，是真正的幽默。我很感謝趙本山，他是傳播東北文化的優秀文化大師，他的小品讓東北文化傳入千家萬戶。我也感謝二人轉藝人，是他們讓東北人的幽默被全國人民廣泛接受。東北人的幽默，把全國的幽默提高了一個層次，我就是要把東北人骨子裡流淌的幽默細胞，傳到千家萬戶去。」

韓志君、韓志晨——叱吒影視界的「韓氏兄弟」

　　韓志君（1949 年 - ），吉林乾安人。先後畢業於東北師大、魯迅文學院，一九八九年至一九九一年在北京電影學院高級編劇班深造。歷任《東北師大學報》哲學社會科學版編輯，吉林省文聯專業創作員，長春電影製片廠國家一級電影編劇、導演。現任亞洲電影委員會（AFCN）常務理事、中國電影文學學會副會長、中國作家協會影視委員會委員、中國電影導演協會會員、長春電影製片廠藝術總監、長影集團第一影視公司總裁。著有長篇小說《命運四重奏》，電視連續劇劇本《霧·海·帆》（與韓志晨合作，兼導演）、《烽煙飄過的村落》（兼導演）。電視劇本多次獲「五個一工程」獎、全國最佳編劇獎、飛天獎及東北金虎獎最佳編劇獎。導演的電影作品主要有：《美麗的白銀那》《漂亮的女鄰居》《都市女警官》《浪漫女孩》《大東巴的女兒》《兩個裹紅頭巾的女人》《一座城市和兩個女孩》等。這些作品先後在波蘭、韓國、俄羅斯、日本、希臘、塞浦路斯等國際電影節上獲獎。

　　韓志晨（1952 年 - ），吉林省乾安縣人。中國作家協會會員，中國世界民族文化交流促進會理事、劇作家、詩人、美術評論家、書法家，著有諸多影視劇作品。享受國務院特殊津貼。建國六十週年，國家廣電總局表彰的對中國電視劇發展做出傑出貢獻的六十位藝術家之一，十二位編劇之一。韓志晨創作多部電影作品。曾榮獲全國電視劇飛天獎首屆編劇單項獎，連續三屆榮獲東北

金虎獎最佳編劇獎。影視作品曾多次獲「五個一工程」獎、飛天獎、金鷹獎、駿馬獎、星光獎、全軍「金星獎」、電影頻道「百合獎」、長春電影節評委會大獎。電視藝術片《生命的秋天》《生命樹》《巾幗風流》獲全國電視文藝星光獎、全國石油題材電視片評比一等獎、全國郵電電視片評比一等獎。

　　多年來，韓氏兄弟的創作視線一直沒有離開農村和農民，三農問題一直是他們的情感熱線。二十世紀八〇年代，兄弟二人聯手編劇創作的電視劇《籬笆、女人和狗》《轆轤、女人和井》《古船、女人和網》曾風靡全國，被譽為反映改革開放的「農村三部曲」，開創了農村題材電視拍攝的新局面。

劉福春——學者、中國新詩版本學第一人

▲ 劉福春

　　劉福春（1956 年 - ），吉林省前郭縣人。一九八〇年畢業於吉林大學中文系，到中國社會科學院文學研究所從事文學研究工作，現為該所研究員。中國作家協會會員。收藏新詩集、詩刊等新詩版本萬餘種，被稱為中國新詩版本學第一人。編著有《中國現代詩論》《西方現代詩論》《中國現代新詩集序跋集》《中國新詩書刊總目》《新詩名家手稿》等。

　　一九八〇年，劉福春進入中國社會科學院文學研究所，一直從事新詩文獻的收集、整理和新詩史研究工作。三十多年，閱讀了文學研究所圖書館所藏的一九四九年前的全部和一九四九年後的大部分新詩書刊與其他文學期刊，訪查了全國五十多家圖書館收藏的早期新詩文獻，與詩作者通信近萬封，並收集到詩集、詩刊、詩報、詩論集、書信等新詩文獻幾萬件。在此基礎上，劉福春完成了國家社科重點項目《中國現代文學史資料彙編》中的《中國現代新詩集總書目》和首都師範大學中國詩歌研究中心規劃項目《中國新詩書刊總目》的編

撰等工作。

二〇〇二年至二〇〇四年，劉福春受聘於韓國東亞大學，教學之餘集中精力編撰圖文史。二〇〇四年底課題結項，共收集圖片幾千張，編撰文字近二百萬字。二〇〇四年，《新詩紀事》由學苑出版社出版；二〇〇五年，《中國當代新詩編年史（1966 - 1976 年）》，由河南大學出版社出版。

二〇一二年，所著《中國新詩編年史》正式出版發行。全書二百餘萬字，既忠實於歷史，又有新的發現，更深更廣地展現當時的風貌和二十世紀新詩創作的成就與問題，勾畫出新詩演變的曲折軌跡，還原其原本的豐富與複雜。

高葉梅──第七屆茅盾文學獎評委

高葉梅（1956 年 -　），女，蒙古族，本名其其格，郭爾羅斯人。畢業於復旦大學中文系。在北京中學畢業後支邊西藏，從事編輯工作三十餘年。二十世紀七〇年代任西藏那曲地區《雪蓮》雜誌編輯、編委；八〇年代初歷任中國作協《小說選刊》《中國作家》雜誌編輯、中華文學基會《環球企業家》雜誌編輯部主任、《西藏文學》副主編、《小

▲ 高葉梅

說選刊》雜誌社事業部主任兼《小說選刊·長篇增刊》執行主編、《長篇小說選刊》雜誌主編。第七屆茅盾文學獎評委。七〇年代末開始發表作品，有中短篇小說、散文、隨筆等。小說《人，你在哪裡》，散文《心靈的朝拜》《不散的筵席》《歲月如何改變了我的模樣》等被選入全國及內蒙古十餘種優秀作品選本。曾獲過百花文藝社百花優秀編輯獎、《中國作家》（好百年杯）全國優秀散文獎。

高葉梅蒙古名額爾敦其其格，漢譯「寶貝之花」，簡稱其其格。高氏與何

氏，均屬古郭爾羅斯人，即豁羅剌思部，係弘吉剌惕部落的分支。

弘吉剌惕部落自古出美女，蒙古「三賢聖母」之一阿蘭高娃和成吉思汗的母親訶額侖夫人，都是弘吉剌惕和豁羅剌思氏。

傳說，豁羅剌思人出生於「金器」，有富貴、聖潔之意。成吉思汗仲弟哈薩爾大王的夫人阿拉坦，也是豁羅剌思人。

高葉梅的父親高寶柱，出生在郭爾羅斯前旗昂格來努圖克達爾罕艾力，軍武出身；母親包氏，姓博爾濟吉特氏，郭爾羅斯前旗昂格來札薩克的後裔，係成吉思汗仲弟哈薩爾大王的傳承者，具有「黃金家族」的美譽。其舅父寶音圖，曾任前郭縣政協副主席，是位精通蒙古文的教育家。

高葉梅從小生活在北京，少年支邊到西藏，曾就讀於上海復旦大學，歷經了二十多年的文學編輯生涯。曾任中國作家協會主管、中國作家出版集團主辦的《長篇小說選刊》主編。

《長篇小說選刊》是中國文學的頂尖刊物，也是眾多小說作者渴望攀登的終極山峰。至今，高葉梅已在《長篇小說選刊》組工作多年，可稱之為中國文學的鑑賞家，中國最高水準的小說編輯。

高葉梅的散文《心靈的朝拜》，入選《歷代蒙古族作品選編》（作家出版社 1999 年 8 月版）。《心靈的朝拜》，描述了不會講蒙古語的我（作者），在西藏大召寺與兩個不大會講漢語的蒙古喇嘛的一段對話，一段故事，一片真情，以及作者對蒙古民族的追思。文中，記述喇嘛阿旺次仁把幾十年攢下的三千塊銀元，鑄成三個大燈台，即將舉行一個奉獻儀式……作者最後表明：「不知怎麼，我的感情中，最明白的不是思念，而是那揮之不去的懊喪，還有一份惦掛。」從而判定，作者是位典型的蒙古女性；那樣仁慈，那樣性善，那樣賢惠，那樣愛憐，似乎與駝羔同唱求乳歌……

高葉梅一九七八年開始發表作品。二〇〇四年正月，由《中國作家》雜誌社、中國散文學會與深圳好百年家居有限公司共同主辦了「好百年杯全國散文大賽」評選活動，在參評的一六〇〇餘篇散文作品中，評選出八篇獲獎作品。

其中，《中國作家》獲獎六篇，按得票多少，高葉梅的散文作品《歲月如何改變了我的模樣》，排序第二位。可見在旗鼓相當之下，顯露崢嶸之勢。

書畫界

郝文濂 —— 清末民初著名書法家

　　郝文濂（1875 年 - 1940 年），字孟溪，生於伯都訥廳五家站（今扶餘市五家站鎮）。他曾為附生，後考入吉林師範學堂就讀。清宣統三年（1911 年）畢業。一九一二年，郝文濂任新城府高等小學堂校長。次年，被推為縣教育會長。

　　一九一五年，郝文濂曾協縣長孔憲熙視察縣境，發現並參與整理湮埋草叢多年的「大金得勝陀頌」碑。曾自撰「建修得勝陀碑亭序」一篇，收在張其軍本《扶餘縣志》中。一九一八年，郝文濂先後調任琿春、汪清兩縣教育局視學。一九二一年，調回扶餘任勸學所所長。一九二四年，郝文濂解職，專攻書法。

▲ 郝文濂書法圖片

其書法功力深厚，結構布局嚴謹，筆勢豐滿流暢。縣內店鋪、學府等匾額多為郝氏題寫。扶餘地方後人習摩郝字者甚多，郝氏遺墨至今尚有人珍存。

一九四〇年，郝文濂病逝於扶餘，終年六十五歲。

王慶淮──關東畫派代表畫家

王慶淮（1909 年 - 1982 年），生於新城府東部三岔河附近的農民家庭。九歲入鄉塾就讀。先後考入奉天美術學校、北平京華美專國畫系、國立北平大學藝術學院國畫系，專攻山水花鳥，兼習人物。曾任中國美術家協會理事，美協吉林分會主席、常務理事，吉林省文聯委員，省書法研究會副會長，省人大代表，省政協委員。作品有《雪後松花江畔》《林海朝暉》等。傳世之作《林海朝暉》陳列於人民大會堂，有作品藏中國美術館。曾舉辦多次個人畫展，出版有《王慶淮畫集》。

王慶淮在恩師齊白石和諸位名師指導下，鑄就了深厚的傳統畫功底。齊白石大師曾對他的作品給以超常的評價。

一九三三年，他被推薦為中國畫學研究會會員。

建國後，先後在三岔河文化館、扶餘一中、扶餘師範、扶餘四中等學校任美術教師。一九五八年九月，調吉林省藝術學院，先後任講師、教授、美術系中國畫教研室主任、美術系副主任和院學術委員會副主任等職務。

他致力用傳統繪畫形式反映現實生活。形成了具有「關東氣派」的藝術風格。連環畫《模範老社員》獲全國美展一等獎；《天池飛瀑》《松鶴》等先後在美、英等多國展出。其力作《林海朝暉》在全國展出後，引起美術界重視，多次以單幅形式公開出版，還被繪製成巨幅懸掛在人民大會堂吉林廳內，並被覆繪多幅在中國駐外使館陳列。

王慶淮的繪畫理論著作很多，主要有《中國畫概要》《中國山水畫發展的淵源及其演變過程》《山水畫》《論荊、關、董、巨四大家的異同》《壁畫淺談》等。在中日兩國共同出版的《中國現代美術家人名鑑》中，王慶淮被列入首篇。

一九八二年七月六日，王慶淮逝於長春，享年七十三歲。

戴成有——著名中國畫家

戴成有（1940年- ），生於河北省樂亭縣。中國畫《北國風光》《長白山》和六幅人物畫《毛澤東》被人民大會堂收藏。中央軍委等黨政軍機關先後收藏其多幅作品。曾任吉林省第四屆美術家協會副主席，現任吉林省美術家協會顧問，《中國美術》編委，吉林省政協書畫院常務副院長，省政協文史委特邀委員，東北師範大學美術學院教授、研究生導師，戴成有書畫院院長，中國長白山書畫院院長，中國文藝家書畫院藝術總監、副院長。

一九四二年，戴成有隨父母遷到扶餘三岔河鎮。一九六六年，畢業於魯迅美術學院中國畫系。一九七○年，在吉林油田（扶餘）工作，一九七三年調東北師大藝術系負責創建美術專業並任教。一九七七年任藝術系副主任，主管美術專業工作。一九八五年，赴浙江美術學院研修中國人物畫。一九九二年，晉升為東北師大教授。一九九四年，享受國務院頒發的政府特殊津貼。多年來，研究並創作中國水墨人物畫、瑞雪山水畫。

戴成有是一個充滿活力、個性鮮明、激情恆久、靈性萌動的藝術家。他也是一個博聞強識的教育家。他在為得意門生、青年畫家於博撰寫評論時說，「畫面的成功是因為有了完美的筆墨節奏，筆墨是水墨人物畫的第一要素，只有通過它，我們才能成功地表現出畫面的形象、節奏、神韻、意境，才能體會到畫面所揭示的深刻內涵。但在生動的現實生活和具體的形體中，筆墨語言是不存在的，它只存在於作者對客觀的感悟之中。這種主體對客體的頓悟達到天人合一時，再加上長期磨煉的手法的配合，筆墨才能得到昇華。」戴成有在講壇

▲ 戴成有

三十多年，他的學術思想貫穿著「教理不教法」的原則，從根本上說，「國畫本無法」，但並不排斥學習必要的傳統技法，中國畫的「六法」「六彩」「六要」以及各類皴法、十八描等依然是必修課，只不過「教理」重在「教人」。堂堂正正地做人，真誠刻苦地積累知識，探索藝術創作的規律，突出個性和時代精神，把握傳統不斷創新⋯⋯這一切都成為戴成有教育思想的精髓。

　　戴成有在教學與創作的繁忙中擠出時間參與社會公益事業。他在長春市最先發起藝術家義賣慈善助學活動，四年間義捐畫作拍賣所得五萬餘元，獲長春市慈善助學特殊貢獻獎，榮膺吉林省慈善愛心人士和長春市永久慈善市民稱號。

▼ 十月飄香

二〇〇八年八月，戴成有與王玉峰舉辦了紀念毛澤東誕辰一一〇週年書畫慈善義展義賣活動，三十餘幅競拍義賣的書畫作品共拍得善款 36100 元。二〇〇一年，戴成有熱心幫助貧困家庭和貧困學子，書畫義賣捐款十五萬元；二〇〇三年為救助貧困兒童住院捐款六千元；二〇〇四年捐資七點六萬元建立慈善藝術助學金；同年將九台市營城沉陷區五名兒童作為長期資助對象並已捐款一萬元；還捐款八千元資助貧困優秀大學生四名。二〇〇八年五月為災區進行募捐義賣。

國內外傳媒《美術》《中國美術》《美術觀察》《國畫家》《江蘇畫刊》、香港《大公報》、英國 BBC 電台、歐洲鳳凰衛視、英國無線電視台、《星島日報》《書畫藝術》《當代書畫名家》《當代美術》《水墨中國》，《中國畫界》《美術鑑賞》《中國文化遺產年鑑》《共和國驕子》藝術篇、《中國畫名家集萃》、丹麥藝術家報均有專題評介。戴成有出版有《戴成有水墨藝術》畫集。

戴成有的作品，具有強烈的東北特點和個人風格。他的寫意人物畫給人們提供了許多反映時代的耀眼之作。在寫意人物畫這個中國畫中最能博采古今、最能觸動人們心扉的題材和畫種中，戴成有筆墨也變得更加自如流暢，有的看似任意，實則匠心獨具，筆到神出，栩栩如生。在山水畫創作上，戴成有以水墨見長，用墨多從平淡入手，追求筆墨的清新韻味，大膽潑墨，細心收拾，直至把山水的水墨效果發揮得淋漓盡致。

戴成有的作品入選第七屆、第八屆、第九屆全國美展、第四屆全國山水畫展、首屆中國美協會員中國畫精品展、關東畫派中國畫人物畫進京展、全國高等美術院校中國畫名師作品展、煙台之夏——中國畫名家提名展。一九九九年八月赴英國倫敦皇家畫廊舉辦個人畫展。

二〇〇〇年八月再次赴美國講學，舉辦個人畫展。二〇〇五年三月應邀赴丹麥首都哥本哈根舉辦個人畫展。二〇〇八年一月十三日，戴成有書畫展在華聯古玩城展出畫作一百幅，代表作品有《赤壁懷古》《百荷圖》《和和美美》四條屏等。

周維傑——「威而不猛」的書法家

▲ 周杰法

周維傑（1947 年 - 2012 年），號笨翁，吉林省長嶺縣人。原中國書法家協會理事、吉林省書法家協會主席。

一九四七年，周維傑畢業於吉林大學哲學系。曾任吉林省文化廳廳長。少時近書，臨帖數十年，涉獵頗廣。上追漢魏六朝，下及唐宋明清，去華就質，歸於本色。以隸意為形質，以使轉為性情，形成體勢寬博，血肉豐腴，從容質樸的書風。

其作品曾受到老一輩著名收藏家、鑑賞家、書法家的高度讚揚。

中國文物鑑定泰斗著名收藏家、書畫家徐邦達先生曾看過他的作品，為其寫下唐詩一首相贈：「千里黃雲白日曛，北風吹雁雪紛紛。莫悉前路無知己，天下誰人不識君。」

美籍華人，美國佳士德拍賣公司中國書畫部主任、海內外著名收藏家、書畫鑑定家、書法家黃君實先生對周維傑的書法給予高度評價：「長春周維傑先生，攻八法刻苦自勵。得暇揮毫，晝夜不歇。楷書宗北碑，茂密似鄧完白，勁健趙撝叔，行書學顏魯公，有何子貞之風致，至其剛正之氣，豪邁之性，觀之令人愛之敬之。古謂書如其人，豈不然乎。」

周維傑先生以學問、品行涵養書法，有端莊之姿，廟堂之氣。原文化部部長孫家正評價他的字是：威而不猛。評價他的人是：真誠，大氣，得體。

廉世和——第七屆全國書法篆刻展唯一的小楷獲獎者

▲ 廉世和

廉世和（1952 年 - ），出生於扶餘縣，曾任前郭縣委組織部幹部、松原市委統戰部副部長。二〇〇五年，被省委、省政府評為吉林省高級專家。中國書法家協會會員。書法作品參加第一屆中國書壇新人展，第六、八屆全國中青展，第八屆全國書展，第三屆全國大展，中國近現代書畫展，二十一世紀全國首屆書畫篆刻家作品展，第一屆中國書協會員優秀作品展等。曾獲吉林省世紀書法大展金獎。第七屆全國書法篆刻展唯一的小楷獲獎者，新世紀全球華人書法大賽銀獎，第一屆中國書法「蘭亭獎」。其作品被許多海內外知名人士收藏。二〇〇二年北京榮寶齋為廉世和舉辦書法作品展。二〇一二年四月，廉世和書法展在中國美術館開幕。

一九五二年，在一個「藏書搜畫」之家，一個男嬰誕生，此時正值世界性的「亞洲及太平洋區域和平會議」召開不久，故起名「世和」。

廉世和祖籍河北永平府林紆縣。祖輩於清末遷徙扶餘，是中醫世家。廉世和的父親，名叫廉靜，一九四五年參加革命，解放戰爭時期曾是扶餘縣委民運部的指導員。他雖然讀書不多，但與扶餘籍的郝文濂（字孟溪）、曹泮池、邊文源等當地書法家過從甚密。他不但酷愛書畫，並有專藏，亦常常試筆。其母名叫龐雨，偽滿時曾讀過「國民高等」學校，是位有文化素養的母親。廉世和在這種「長有所學，少有所志」的良好家庭薰陶中，自幼就喜好書法。

一九六六年，廉世和就讀於扶餘一中。「文革」停課後，他在家潛心習字。當時他家收藏有一本元朝書法家趙孟頫的《千字文》，奉為至寶，朝夕相伴。書法藝術的基石，從這時打起，並逐年高壘。

▲ 廉世和小楷 法作品

多年來，廉世和臨摹過智永、歐、顏、趙孟頫的楷書；也臨寫過多種「北碑」。在《張猛龍碑》《張黑女墓碑》等碑誌上，下過很深的功夫，打下了堅實的基礎。他的漢隸也很有功力，臨寫過《西狹頌》《張遷碑》。故此隸書筆意，茂密古樸，勢如刀切，平整有力。

廉世和最突出的成就還是行書。行書學「二王」、李北海和米蒂。結體端莊凝重，運筆潤澤流暢。他更精小楷。小楷學《黃庭經》《樂毅論》後又學文徵明，幾經變化之後，遒勁典雅，充滿書卷氣。另外，廉世和在篆刻上，也取得了較高的藝術成就。

二○一二年四月，由中國書法家協會和吉林省文聯主辦的廉世和書法展在中國美術館開幕。全國政協副主席李金華，中國文聯黨組書記、副主席趙實，中國美術館副館長馬書林，以及中國書法家協會、吉林省委、省政協和省文聯相關負責人出席開幕式。這是書法家廉世和的花甲「還歲書法展」，共展出八十五幅具有代表性的書法作品。

廉世和的書法尤以楷書、行書見長，其書法作品傳統裡寓有新意，規矩中彰顯功力。他的行書實意斷連，呼應有度，疏密得體，濃淡相宜。他的小楷方正飽滿、協調平和、外緊內鬆，布白勻均。其作品表現出一種從容、虔誠與求索精緻的文化態度，標示出其藝術成就和人文走向。

劉國——「世界之最」國畫長卷《長白雄魂》作者

劉國（1956 年 -　），吉林扶餘人。畢業於東北師範大學美術系，研修於中國美術學院。現任中國長白山畫院院長、高級畫師，吉林省教育學院藝術系教授、副主任，中國延邊大學及吉林師範學院客座教授，新加坡新世紀藝術中心總裁，中國教育學會美術教研會理事，中國工業設計協會、中國美術家協會、吉林省美術家協會會員，世界文化藝術研究中心研究員。

其創作的中國山水畫新技法，影響國內外畫壇，被中華百絕博覽會評為「中華一絕」。曾先後在舊金山、紐約、新加坡、馬來西亞、台灣、廣州、海南、哈爾濱、長春等地舉辦十一次個人展，有兩千多件作品在國內外展出、發表。多幅作品被國內外美術館、博物館、重點大學收藏。

出版專著有《劉國畫集》《劉國畫選》《劉國山水畫集》《中國山水畫新技法》。主編多部教學用書。發表多篇藝術教育論文，《長白雄魂》《長白松雪圖》巨卷被評為「世界之最」長卷。

一九九二年，被中華百絕博覽會評為「中華百絕菁英畫家」。

一九九七年，被國際美術家聯合會等十六個國際學術團體授予世界書畫藝術名人。

一九九八年，被吉林省人民政府授予第五批有突出貢獻的中青年專業技術人才獎，同年被國際美術家聯合會等十四個國際權威學術團體評為國際銀獎藝術家、二十世紀國際名家教授成就大獎。

傳略入編《世界名人錄》《世界當代書畫篆刻家大辭典》《世界華人文學藝術界名人錄》《世界當代著名書畫家真跡博覽大典》《現代中國美術家人名

大詞典》等多部典集。

李泓暉——「吉林省十大青年書法家」之一

▲ 李泓暉

李泓暉（1968 年 -　），錫伯族，生於吉林省扶餘縣，現為松原市委黨校教師。中國書法家協會會員，吉林省書法家協會理事。李泓暉自幼酷愛書法，八歲即開始臨帖，曾一天四次跑去鄰居家「做客」，原因是小泓暉看上了他們家新買的一本寫有「精氣神」毛筆字的雜誌。從此，「字痴」成了少年李泓暉的代號。

李泓暉一九八五年入伍後，部隊的板報成了他信筆由韁的樂園，華麗與宏樸在方寸間交融，思想與頓悟在字裡行間留下了漂亮的飛白，他很快成了一名書文兼秀的板報宣傳員。一九八六年春節，瀋陽軍區司令員劉精松下連隊慰問。當他走到這個連隊的板報前時，頓時被這剛勁、秀美的書法吸引，欣賞之餘，連連讚歎說：「渾厚遒勁，堪大才也！」司令員的這一嘆，嘆出李泓暉書法道路上的一段錦繡前程。隨著他的作品在《瀋陽軍區前進報》的刊登，李泓暉名動一時，後被調入司令部，不久又考入軍校。學習期間，李泓暉有幸師承大家。教他的人如朱壽友、聶成文、徐熾、沈延毅、沈鵬等，均為書界名流，名高海內外。正是有了他們的指引和啟迪，李泓暉的書法藝術迅速提高。二十三歲時，李泓暉成為解放軍史上最年輕的中國書法家協會會員。為此，他榮立二等功一次。

李泓暉的書法，對真、行、草、篆諸體皆有涉獵。他的篆書喜集春秋文字，勻整典雅，「能質樸與流麗、含剛健與婀娜」，而且也能「旁涉殷墟文字，瘦硬爽利，契刻味十足，布局空靈疏朗、平穩大方」（吉林省書法家協會副主

席劉成語）。他的楷書初習黃道周，後又以行草書筆為之，意態縱橫、疏密妥帖。在李泓暉的各種書體中，最成熟、最精彩的是小行草書。初以黃石齋為日課，後又吸取二王、董其昌法度，及至近年，又對朱耷有所偏愛，得八大山人意韻，亦兼收近人陸儼少行草書之體勢。他的行草書用筆凝練遒勁，起止精到，線條渾厚飽滿，富於變化，結體時方時圓、隨機生變，藏露得宜，參差錯落，耐人尋味。正如他的導師徐熾先生說：「泓暉的書法作品是在把握傳統這一主脈，尤得王羲之書法三昧，緊緊抓住『書不入晉固非上流，法不宗王詎稱逸品』這條大道上走下去，正契合王羲之不激、不厲、不慢、不越的信條。」「他的書法作品，無論行書還是草書、篆書，都流露出學識功力修養的氣質和溫文爾雅的書卷氣息。」

　　一九九九年十月，李泓暉作為三十名獲獎者之一，出席了由文化部、中國

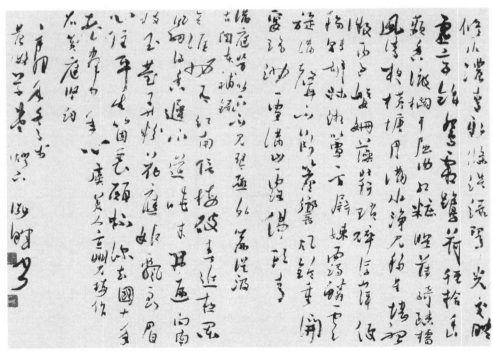

▲ 李泓暉書法作品

文聯、中國書協、文物出版社主辦在中央電視台播放的《第四屆中國書法篆刻電視大獎賽》獲獎作品頒獎晚會。他的書法作品先後三十餘次參加中國書協舉辦的一系列重要展覽，三百餘件書法作品在各類專業報刊上發表，曾十八次入選文化部、外交部、解放軍總政治部、中國文聯、中國書協主辦的各級展覽。

二〇一四年，李泓暉被北京水墨公益基金會提名為「吉林省十大青年書法家」之一。

演藝界

青寶——東蒙民歌大師

▲ 青寶

青寶（1895 年 - 1946 年），蒙古族，漢姓張，生於東土默特右旗（今遼寧朝陽）。創作（包括作詞編曲）、演唱並得以流傳的敘事民歌有《高小姐》《二姑娘》《韓梅香》《波茹萊》《金姐》等。後來，青寶與白音倉布共同整理並成功演出烏力格爾套曲《五箭訓子》。

青寶自幼好學，兼通蒙、漢文，少時學說唱烏力格爾。

青寶精通蒙漢文，郭爾羅斯一帶的蒙古人，都尊稱他為「青寶胡什」。

一九四一年王爺廟（今烏蘭浩特）成吉思汗廟破土動工，一九四四年竣工時，前郭旗派出一個「烏力格爾」演出隊，把《五箭訓子的故事》第一次搬上了舞台。這就是吳耘圃與青寶胡什、烏拉（伴奏演唱者）合作完成的蒙文「烏力格爾」《折箭同義》的腳本。由青寶譜上琴書曲調，成為「烏力格爾」有史以來的五首套曲，即《汗父為鏡》《母訓子》《額真哈吞》《誓盟》《鐵木真兄弟》。

一九三六年，青寶在王爺府得遇丹麥人、蒙古民歌蒐集者哈斯倫德，哈斯倫德為他拍攝了照片。哈斯倫德在他著述的《古的人與神》一書中，刊登了這張照片。該照片現為丹麥皇家博物館收藏。

寶音達賚——中國唯一一部《蒙古族婚禮歌》的傳唱者

寶音達賚（1918 年 - 1984 年），郭爾羅斯人，出生在大老爺府屯（今前郭

爾羅斯蒙古族自治縣烏蘭圖嘎鎮）。著名的「好日民道」（婚禮歌）職業歌手，祝詞家，《蒙古族婚禮歌》的傳唱者。一九七八年，寶音達賚連續七天七夜講述蒙古族婚俗，並以《祝讚詞》的形式，頌唱相兼，從《贊馬歌》唱到《祝箭歌》，從《勸嫁歌》唱到《迎親歌》，又從《求名宴》唱到《拜火成親》，為蒐集者蘇赫巴魯、翻譯者特木爾巴根演唱了整套婚禮祝詞。這部套曲，也是中國迄今為止最完整的一部蒙古族婚禮套曲。

▲ 《蒙古族婚禮歌》封面

寶音達賚從十六歲開始學藝，歌聲早已傳遍郭爾羅斯草原。解放前，為了生計，他死死地記住了一套完整的婚禮歌，也因此成為婚宴上的貴客，門前常常鞍馬川流不息。

寶音達賚說：「解放前，我曾得到一部不知傳了多少代，不知經過多少人傳唱的手抄本《婚禮歌》，為了把它學會、背熟，我自學了蒙文。後來，這本窗戶紙訂成的手稿，磨得沒邊了，沒角了，最後磨碎了。我把它記在心裡，死死地記著，一句也沒忘。」

作為一名職業歌手，低音四胡，就是民間藝人的全部性命。那天傍晚，寶音達賚想要檢查一下，醉酒歸來的路上，自己的低音四胡是不是完好無損。低音四胡的特點是，琴筒較大，琴身較長，琴筒裡可以塞進半個羊腦袋。結果，他就在自己的琴筒裡發現了這部《蒙古族婚禮歌》。

這部手抄本的《蒙古族婚禮歌》，看上去已經有些年頭了，四角已經磨得沒有邊角，內文中的筆跡也不同。有的頁面，甚至打了幾個「補丁」。寶音達賚不識字，於是就把這部手抄本揣在袍襟裡，去找當地的一位教書先生。這位精通蒙文的先生翻開書稿，粗略掃了一眼，便說：「寶音達賚你有福氣呀，這

是一部成套的《婚禮歌》，有了它，你的飯碗子更大了。」

事後，寶音達賚才得知，這部婚禮歌，一直在台吉的後裔家放了很多年，他父親活著的時候，這部《婚禮歌》就放在一個紅漆的匣子裡。那天，寶音達賚喝醉後，台吉的後裔準備派家裡人套上馬車將寶音達賚送回家的時候，突然想起這部手抄本的《蒙古族婚禮歌》，便隨手將這部手抄本塞在了寶音達賚的琴筒裡。

寶音達賚是一個有心人，在那之後，只要有時間，就帶上手抄本，找那些懂蒙文的人，一句一句的給自己念，再一句一句的記在心裡。時間久了，人家不願意給他念了，他就盡量說些好話，死磨硬纏地請人家給他讀。就這樣，他把這部手抄本牢牢地記在了心裡。

一九七八年，也就是採記《蒙古族婚禮歌》這年冬天，前郭爾羅斯蒙古族自治縣查干花草原文化館只有蘇赫巴魯、特木爾巴根二人。

在此之前，特木爾巴根原是一個愛好說唱蒙古琴書的牧馬人。蘇赫巴魯與他相識之後，經過短暫的瞭解，便意外的發現，這是一個難得的人才。縣文化局副局長唐舜，是一位尊重知識的領導，在他的幫助下，經過多次協調，縣人事局終於同意，以聘任的方式，將特木爾巴根借調到草原文化館。

特木爾巴根丟掉套馬桿，來到草原文化館工作不久，縣文化館與查干花草原文化館聯合在郭爾羅斯西部查干花公社舉辦蒙古琴書（烏力格爾）、民歌訓練班，將民間藝人集中在一起，進行培訓和藝術輔導。就在這一次，蘇赫巴魯有幸遇到了蒙古族民間藝人寶音達賚。

當蘇赫巴魯得知寶音達賚是一位職業婚禮歌（好日民道）歌手、祝辭家時，馬上就意識到：這是國內外稀有的珍品，寶音達賚是郭爾羅斯蒙古族文化的一塊金磚，必須要通過這次機會，把這部閃光的《婚禮歌》打撈出來！

於是，蘇赫巴魯果斷地做出一個決定，告訴特木爾巴根：「你轉告寶音達賚老先生，等琴書、民歌班結束後，請他留下來。他的吃住問題，我找公社解決，一定請他唱完這部《婚禮歌》，再回烏蘭圖嘎。」

琴書、民歌訓練班結束後，只有寶音達賚老先生一個人留下來了。

寶音達賚用一個星期的時間，為蘇赫巴魯、特木爾巴根演唱《婚禮歌》。在寶音達賚的全力配合下，採記工作進行得非常順利，由特木爾巴根翻譯、蘇赫巴魯整理，共七章，三十三首，一千六百餘行。寶音達賚演唱《蒙古族婚禮歌》這一年，已經年滿六十歲。

蘇赫巴魯、特木爾巴根採記、翻譯、整理的這部《蒙古族婚禮歌》，在祖傳手抄本的基礎上，又增添了許多內容。寶音達賚說：「我是靠胡琴吃飯的，要想吃得飽，肚子裡得有家什才行。那些年，我只要遇到口齒伶俐的祝詞家時，就想方設法把人家的祝讚詞和唱段學到手。都是吃這碗飯的，有時候，人家怕我『偷』走他的東西，明著不行，我就偷偷地學。學這些東西的時候，我有一個笨辦法，先把人家的唱段聽明白了，知道是啥意思，第一次不成，就等著第二次的機會……人哪，不怕笨，就怕懶！」

寶音達賚在婚禮歌職業演唱生涯中，不斷地將一些新的唱段融入到婚禮歌當中，並在逐漸成熟的演唱生涯中，又有很多新的創作。

通過祝詞、唱詞，不難看出，婚禮歌的傳承，在郭爾羅斯草原上得到了飛速的發展，由此，才形成了一部完整的套曲。

一九七九年，《蒙古族婚禮歌》，由內蒙古社會科學院文學研究所所長色道爾吉作序，中國民間文藝出版社出版。《蒙古族婚禮歌》出版後，在內蒙古引起轟動。不久，《內蒙古日報》發表了《詩劇般的〈婚禮歌〉》（1979 年 12 月 23 日）。記者、詩人川之又在《內蒙古日報》開闢專欄，興奮、自豪地宣稱：「蒙古族長篇婚禮歌已經發現。」一九八三年，《蒙古族婚禮歌》獲第二屆全國民間文學獎，影響甚遠。

二十世紀八〇年代初，寶音達賚因病逝世。一九九七年五月，吉林省民間文藝家協會授予寶音達賚先生「民間藝術家」稱號。

蘇瑪——四絃琴演奏家、一代琴王

蘇瑪（1914 年 - 1969 年），中國音樂家協會會員。在四絃琴演奏中，加入彈、打、扣、點，形成「和音」，獨創了「蘇瑪四弦演奏法」。一九五六年三月，蘇瑪隨中國文化藝術代表團參加第十一屆「布拉格之春」國際音樂節演出。演奏的《悶弓》《趕路》《八音》為國家贏得了榮譽。之後又創作了四弦獨奏曲《歸群》和歌曲《那日倫花向太陽》、好來寶《黏糜子》《高高興興唱一場》等。蘇瑪留給人們的有《內蒙四弦獨奏曲》（李郁文編著、人民音樂出版社出版）、《蘇瑪四弦演奏法》《蘇瑪琴曲一百首》（均為蘇赫巴魯蒐集撰寫），一九五七年由中國唱片廠灌製了《趕路》《八音梆子》《悶弓》四弦獨奏曲唱片。

▲ 蘇瑪

一九五五年，蘇瑪參加了在北京舉行的全國群眾業餘音樂、舞蹈觀摩大會的演出，並獲得優秀表演獎。在大會即將閉幕的一天晚上，觀摩演出回來，青年人睡去了，蘇瑪正在獨自吸菸、品茶之際，大會工作人員輕輕敲門進來對他說：「有位領導要見你，請跟我去一趟。」蘇瑪被領進一間小會客廳，那裡已經坐著幾位不認識的人。通過介紹，一位身著灰衣服的人先站起來，彬彬有禮地與蘇瑪握過手後，又向另一位介紹了蘇瑪。第二個站起來的，身體魁偉，也穿著一身灰衣服。這兩位身穿灰衣服的人，就是毛澤東、周恩來同志。後來才知道，毛澤東同志在那天夜裡，還想見一見參加此次觀摩演出的一位十歲的孩子，可惜那個孩子早已熟睡。觀摩演出期間，蘇瑪演奏的《趕路》《八音》《悶

工》三首四弦獨奏曲灌製了唱片。會後，他被請進中央音樂學院民族音樂研究所，專家李郁文同志從理論上研究他的演奏技巧，並整理他的四絃琴曲。後來，人民音樂出版社出版了蘇瑪演奏、李郁文整理的《內蒙古四絃琴獨奏曲集》。

一九五六年，蘇瑪隨中國文化藝術代表團赴捷克斯洛伐克參加第十一屆「布拉格之春」國際音樂節的演出。代表團中，有三位蒙古族成員，除蘇瑪

▲ 《蘇瑪四胡演奏法》封面

外，還有女高音歌唱家寶音德力格爾和馬頭琴演奏家倉都楞。

東蒙，有一根套馬桿子，就有一把四弦。蘇瑪集大成，且獨創，博采眾家之長，化為自身血肉，獨成一家。他的演奏技巧，有傳承，也有發展，因為他懂得「他山之石，可以攻玉」的道理。比如：蹄鼓似的「彈奏」，電鈴般的「打音」；百靈般的「扣音」，清泉似的「點音」；風雨般的「掃音」，瀑布似的「流音」。以及馬頭琴般嗡嗡的「和音」，聽起來，確有魂引夢牽之感。四弦獨奏曲《趕路》，是蘇瑪潛心經營幾十年的力作。此曲不但在第十一屆「布拉格之春」國際音樂節上贏得聲譽，蘇聯莫斯科廣播電台也經常播出這首獨奏曲。甚至，香港人也很熟悉它。現在，《趕路》曲與蘇瑪齊名。整個曲調，猶如鐵打銲接般緊湊，真山真水般的形象。特別是加以「彈奏」「踢踢踏踏」的蹄聲，確實是一首典型的「馬背音樂」。

一九五八年，蘇瑪四十四歲，藝術造詣已經到了爐火純青的地步。他以油畫般的色彩，奔馬般的激情，創作了一首四弦獨奏曲《歸群》，這是蘇瑪獨特風格、技巧薈萃的代表作，更確切地說，是一首貫通橫韻的神曲。

一九五九年年底，《蘇瑪四絃琴演奏法》《蘇瑪琴曲 100 首》初稿由蘇赫

巴魯撰寫整理成集；蘇瑪與蘇赫巴魯合作的好來寶《高高興興地唱上一場》也被選入《吉林曲藝選》一書出版。一九六○年三月，蘇瑪參加了蒙古戲實驗劇目《斧劈小王爺》的音樂創作；同年加入中國音樂家協會，並成為吉林省政協委員。一九六一年至一九六二年，蘇瑪除參加演出活動外，還參加了《吉林民歌》（蒙古族卷）的採集工作。一九六三年，蘇瑪參加了在北京召開的全國第三屆文代會，又一次受到了黨和國家領導人的接見，併合影留念。

白・色日布扎木薩——中國三大英雄史詩《江格爾》子本《阿勇干・散迪爾》的傳唱者

白・色日布扎木薩（1914 年 - 1986 年），生於郭爾羅斯前旗朱日沁屯，「潮爾」派藝術家。擅長蒙古琴書及蒙古族長篇敘事民歌。有長篇英雄史詩《迅雷・森德爾》《阿勇干・散迪爾》傳世。其逝世後，郭爾羅斯「潮爾派」演奏藝術也隨其走向滅絕。

二十世紀七○年代末，在人們認為史詩說唱已經絕跡的時候，研究郭爾羅斯歷史和民俗的學者們驚喜地發現，長達十三萬字的長篇英雄史詩《阿勇干・散迪爾》，仍在郭爾羅斯草原傳唱。一九七九年十一月，郭爾羅斯「胡爾沁」「潮爾沁」藝人白・色日布扎木薩，以驚人的記憶力，一連唱了七天，才將長達九千多行的英雄史詩唱完。這一年，他已經年滿六十八歲。

《阿勇干・散迪爾》由王迅執筆、特木爾巴根翻譯、整理出散文故事，題為《鎮服蟒古斯》。之後，蘇赫巴魯整理、特木爾巴根、哈斯朝魯漢譯，韻文本《迅雷・森德爾》也誕生了。一九八七年十一月二十二日，蘇赫巴魯陪同博・巴彥杜楞、烏雲格日樂再次深入民間，重訪白・色日布扎木薩老人。在原錄音磁帶的基礎上，加之新採訪的資料，整理出蒙古文版本，並出版發行。

蒙古族英雄史詩韻白兼用，靠演唱的翅膀飛越高山大河。當年，白・色日布扎木薩的說書藝術吸引了一批又一批的聽眾。慕名前來聽書的人，絡繹不絕，門前常常是鞍馬集合，車流不息。一些老人說：當年聽白・色日布扎木薩

說書，就像天天喝著濃釀的紅茶一樣上癮，一天不聽，就像沒有魂一樣，感到全身難受。

《阿勇干·散迪爾》是《江格爾》的子本。在傳唱的過程中，白·色日布扎木薩又根據當地的文化、風俗，進行了新的加工，融入各自的神話和傳說，做出相應的異變。風格有所改變，但無論怎樣，人們仍然能夠在史詩中尋找到勇士江格爾的影子，瞥見江格爾之魂。

徐達音──滿族新城戲音樂創始人之一

徐達音（1927 年 - 2008 年），祖籍河北祁州，一九三八年隨父闖關東，一九四〇年至扶餘縣三岔河鎮定居。建國後，到三岔河文化館工作。一九五九年調到扶餘縣文化館，從事群眾文化和音樂理論研究工作。一九六二年借調縣新城戲實驗劇團參與新劇種音樂創編，是滿族新城戲音樂創始人之一。一九八二年，參加《扶餘縣志》的編纂工作。曾參與國家重點藝術科研項目「十大集成」中的《中國戲曲志》《中國曲藝志》《中國戲曲音樂集成》《中國曲藝音樂集成》四大集成的地方條目的編纂，獨立完成《扶餘文化藝術志》的編纂。

徐達音多年潛心研究八角鼓。陸續有《八角鼓與「八角鼓」》《扶餘「八角鼓」》《「八角鼓」源流考》《「八角鼓」民族屬性辨析》和《滿族新城戲聲腔音樂的民族特點》以及《渤海樂古今探微》等研究文章問世。《「八角鼓」民族屬性辨析》一文，被評為吉林省優秀論文，載入《民俗研究論叢》；《渤海樂古今探微》一文獲「世界學術貢獻獎」金獎，被載入《世界學術文庫·中華卷》。這些理論文章，對新城戲滿族屬性的界定，起到至關重要的作用。

徐達音離休後，相繼完成了《中國古代宮廷音樂》《新城戲與「八角鼓」》《庸人萍蹤錄》《知靜齋敝帚集》等專著。

他先後被吸收為中國少數民族音樂協會會員、中國滿族音樂研究會會員、吉林音樂協會會員、吉林民間文藝協會會員、吉林省民俗學會會員、吉林省群文學會會員。他還受聘為瀋陽東亞研究中心東北亞人物研究所研究員、《世界

文化名人辭海》特邀顧問編委等。一九九九年，徐達音的名字被列入《中國專家大辭典》及《世界文化名人辭海》。

柏青——螢屏上的關東第一老太

柏青（1938 年 - 2014 年），生於長春，中共黨員，國家一級演員。一九九四參軍，在瀋陽東北軍區砲兵第六師當文藝兵。一九五二年因部隊南下退伍。一九五二年考入長春市評劇團。一九五五年調入前郭縣評劇團，一九七〇年在前郭縣歌舞團直至一九八八年退休。

柏青在評劇團工作期間，所演出重要劇目有：《花木蘭》《審詰命》《珊瑚》《楊三姐告狀》《野火春風鬥古城》《南海長城》《劉胡蘭》《向秀麗》《奪印》《紅燈記》《沙家濱》《穆桂英掛帥》《風樹灣》《年青一代》《就是他》《孟姜女》《棉褲腰》等。其中《棉褲腰》在東北三省會演中獲表演一等獎。此劇在東北三省產生很大的影響，遼、吉、黑三省戲曲劇團爭先上演該劇，柏青一舉成名。

柏青退休後，被吉林油田藝術團聘請，擔當藝術顧問。這期間，參加了全國小品大賽，並獲得全國小品大賽「牡丹杯獎」。

一九九五年柏青出演《喜蓮》，飾演劇中的孫二娘。柏青從此走上銀屏。在這部電影中柏青成功塑造了孫二娘這個人物，並因此獲得國家華表獎最佳女配角獎。從此一直活躍在螢幕上，不斷地在影視作品中塑造人物。二〇〇四年參加春節聯歡晚會，出演《都市外鄉人》的老媽媽，獲得國家廣電總局、中央電視台頒發的春節晚會節目二等獎。二

▲ 柏青

○○五年柏青憑藉電影《一棵養老樹》獲得大學生電影節最佳女配角獎。二○○五年，憑藉電影《任長霞》獲得金雞百花女配角獎提名。二○○六年獲得前郭爾羅斯蒙古族自治縣政府文化大獎。二○○八年柏青再次獲得家鄉松原市政府頒發的榮譽，松原市第一屆哈達山文藝獎終身成就獎。二○一三年榮獲第十一屆吉林省政府長白山文藝獎成就獎。

二○○三年十月，柏青在《希望的田野》中扮演一個老媽媽。正在尋找搭檔的小品演員鞏漢林看過電視劇後，立刻找到了柏青，兩人合作了央視春晚小品《都市外鄉人》，深受觀眾喜愛。此後，柏青簡直成了母親專業戶，片約一個接著一個。她先後在四十部影視劇中出演老太太，成熟老練的表演加慈祥樸實的形象，為她贏得了「關東第一老太」的綽號。

柏青參演的電視劇作品有《美麗的契約》《喜臨門》《手機》《柳樹屯》等，電影作品有《龍鳳店》《兩個人的芭蕾》等。

二○○八年，柏青參加了世界矚目的奧運會松原市站的奧運火炬傳遞的最後一棒，她以東北秧歌舞步特殊的步伐跑完松原市的最後一棒，實現了她人生最大的願望。

柏青的最後一部電視劇是《油菜花香》，二○一三年春季開拍。柏青在劇中飾演老奶奶，也是主演之一。

柏青退休後一直活躍在影視螢幕上，拍攝電影、電視劇七十多部，塑造了一個又一個觀眾喜愛的螢屏形象。

二○一四年四月，柏青因病逝世，終年七十六歲。

楊欣新——滿族新城戲音樂唱腔創編者之一

楊欣新（1938 年 - 2014 年），出生於吉林省扶餘縣。國家一級作曲，享受國務院特殊津貼。曾任滿族新城戲劇團作曲、吉林省音樂家協會會員、吉林省戲劇家協會理事。

楊欣新於一九六○年考入原扶餘縣評劇團做伴奏員。他先後創編了新城戲

▲ 楊欣新

的慢板、原版、彈頌板、數板、流水板、散板等板式，成功地改造發展了「太平年」「靠山調」「娃娃腔」「茨山行板」「五更」等曲牌。同時把已經形成的板式唱腔糅進了單鼓唱腔的獨特音調，使新城戲的唱腔具有鮮明的民族特色，韻味更加濃郁。

代表性的藝術成果有：

一九八四年，新城戲《紅羅女》獲文化部和國家民委少數民族戲曲錄像演出獎；一九八七年，滿族新城戲《繡花女》拍成電視戲曲片，獲東北三省電視戲曲片評比金虎獎評比的優秀戲曲片獎；一九九二年，《鐵血女真》在文化部「天下第一團」優秀劇目展演（北方片）中名列榜首，楊欣新獲優秀作曲獎，省政府記大功一次；一九九三年，《鐵血女真》獲文化部文華大獎和中宣部「五個一工程」獎，他個人獲文華音樂創作獎；一九九五年，在中國戲曲「孔三傳」評獎中，他獲得開拓獎和烏海金牌獎；二〇〇七年，《皇天后土》獲中國少數民族戲劇會演優秀作曲獎；二〇〇九年，《洪皓》獲中國少數民族戲劇學會「金孔雀」獎優秀作曲獎；該劇還榮獲中宣部第十一屆精神文明「五個一工程」獎。二〇一三年，楊欣新同志獲吉林省政府長白山文藝獎成就獎。

楊柏森——「東北風」流行音樂作曲家

楊柏森（1953 年 -　），出生於吉林省扶餘縣，曾任吉林省戲曲劇院吉劇團院長。中國音樂家協會會員、中國戲曲音樂研究會常務理事，國家一級作曲，中國著名二人轉音樂家。

參加了滿族新城戲《鐵血女真》的音樂創作，並獲文化部第三屆文華獎。

創作了電影、電視劇《男婦女主任》《我愛我孫兒》《嗯唉哎嗨呦》《農家十二月》《小城交警》《大山嫂》《種啥得啥》《關東金王》《關東漁王》《礦哥礦嫂》《聖水湖畔》等劇的全部音樂、主題歌（作曲）。參與《劉老根》《馬大帥》等電視劇的音樂創作，並為主題歌譜曲。歌曲《找情郎》（作曲）曾獲長白山文藝獎。

▲ 楊柏森

多年來，楊柏森創作了三百餘首通俗歌曲、民歌，《黑土地》《關東情》等百餘部電視劇音樂，傳唱大江南北。

一九七一年，楊柏森開始從事音樂創作，熟悉戲曲、曲藝音樂，對東北二人轉音樂、滿族新城戲音樂頗有研究，曾譜寫過大量二人轉、滿族新城戲音樂。多次在吉林省及全國會演中獲獎。其代表作滿族新城戲《鐵血女真》曾在文化部「天下第一團」展演中獲作曲獎，並在文化部第三屆文華獎評比中獲「文華音樂獎」，榮獲中宣部「五個一工程」獎。一九八八年，楊柏森開始進行「東北風」流行歌曲創作，代表作有《大姑娘美》（找情郎）等六十餘首，並錄製發行。一九九七年，涉足影視音樂創作，代表作有《聖水湖畔》《關東金王》等十餘部電影音樂。電視劇主題歌《圓夢》《求索》《活出個樣子給自己看》《哥們兒的情意生死交》《美觀》等廣為流傳。

宋江波──電影圈的「獲獎專業戶」

宋江波（1954 年 -　），吉林省扶餘人。中國長春電影製片廠電影導演。代表作有《潘作良》《蔣築英》《燈塔世家》《毛澤東和斯諾》等。

宋江波執導的電影《蔣築英》曾獲中宣部「五個一工程」獎；《燈塔世家》獲得華表獎；《毛澤東和斯諾》獲得中宣部「五個一工程」獎、華表獎；《燦爛

▲ 宋江波

的季節》獲得華表獎；《任長霞》獲得華表獎。電視劇《鄉村女法官》獲得大眾電視金鷹獎、飛天獎；《多雪的冬季》獲得飛天獎等。

二〇一〇年，中美電影節開幕式暨「金天使」獎頒獎典禮於美國時間十月二十八日晚在好萊塢美國導演家協會總部舉行。當晚，由宋江波執導，演員周小斌、嚴曉頻、曹力、何苗等主演的影片《潘作良》榮獲二〇一〇年中美電影節特別大獎——「傑出社會貢獻電影金天使獎」。這也是自該電影節創辦以來，中國影片獲得的最高獎項。

《鐵人王進喜》由長影集團第二影視公司和大慶天地人和文化傳媒公司聯合攝製。該片早在二〇〇六年就已立項，為了精益求精，編劇馬岱山歷經多年打磨劇本，直到二〇一〇年九月才正式開機。在主創陣容上，宋江波不僅邀請了長影攝影師於長江，更力邀北京人民藝術劇院演員張志忠、總政話劇團演員劉勁傾情加盟。影片在人民大會堂進行了首映，受到了專家和影迷的肯定與喜愛。二〇一二年十二月，在第四屆澳門國際電影節上，由宋江波執導的電影《鐵人王進喜》一舉拿下金蓮花優秀影片獎，編劇馬岱山同時獲最佳編劇獎。

宋江波導演過許多經典影片，是電影圈的「獲獎專業戶」。

王舉——舞蹈詩劇《大荒的太陽》編舞

王舉（1954 年 - ），吉林前郭人，國家一級編導。中國舞蹈家協會理事。黑龍江省突出貢獻中青年專家，享受國務院政府津貼。創作、演出二六〇多部舞蹈作品，八部舞劇及舞蹈詩劇，有六十二部作品獲國家級、省部級獎

勵。其中舞劇《高粱魂》參加中國首屆舞劇觀摩演出，組舞《黑土地》參加第二屆中國藝術節，舞蹈詩劇《大荒的太陽》獲「五個一工程」獎，舞蹈《情思》獲首屆「荷花獎」創作銀獎，舞劇《關東女人》獲全國第三屆舞劇比賽優秀創作獎（第一名、金獎）。一九九〇年以來，在中央電視台元旦晚會、春節歌舞晚會、慶祝香港回歸大型文藝演出《回歸頌》《同一首歌》大型文藝演出、慶祝建黨八十週年大型文藝晚會《紅旗頌》等二十餘台國家或省級大型文藝晚會中做舞蹈總監或導演。一九九八年被中國舞協評為「雙十佳」優秀會員。

在不懈地追求藝術創作的同時，王舉還積極致力於藝術教育工作，共計培養了五百多名優秀舞蹈專業人才，資助培養了十二名孤兒。

王舉自己就是吃「百家飯」長大的孤兒，深知幫孤兒掌握一項謀生本領有多重要。二〇〇〇年，一個偶然的機會，王舉來到吉林孤兒學校，看望孤兒們。本來想給學校捐款的王舉臨時改變了主意，他向校方提出，要收養十幾名十一二歲的男孩，帶到自己的舞蹈學校，把他們培養成才。剛入校時，這些男孩沒有任何舞蹈基礎。為了讓孤兒們補好這一課，王舉制定了「魔鬼式訓練」。每天清晨五點至七點，十二人要準時起床上「早課」，進行舞蹈能力訓練，壓腿、蛙跳、俯臥撐、倒立、拿大頂……經過幾年的訓練，十二個孩子學到了真本領，也擁有了自尊自信，他們分別被吉林、長春、哈爾濱、珠海、大慶等地的專業文藝團體、學校錄用，成為舞蹈專業「台柱子」。

這幾年，每到春節，十二名孤兒無論在哪個城市參加演出，都不會忘記給王舉打電話，給「老爸」送去祝福……

高秀敏 —— 全國著名笑星

高秀敏（1959 年 - 2005 年），生於扶餘縣朝陽鄉郭家村（今屬寧江區大窪鎮），畢業於扶餘四中（今松原市第一高中）。國家一級演員，全國著名笑星。

一九八二年，入選扶餘縣民間藝術團為演員。曾拜吉林省著名二人轉表演藝術家關長榮為師，對「彩旦」表演日臻成熟，並形成自己獨到的表演藝術風

▲ 高秀敏

格。她主演的《孫成打酒》《濟公新傳》分獲省二人轉會演劇目表演一等獎；小品《包袱》在深圳全國首屆電視小品大賽上一舉奪魁；小品《密碼》獲一九九四年春節聯歡晚會三等獎；小品《柳暗花明》獲一九九七年春節聯歡晚會三等獎；小品《拜年》獲一九九八年春節聯歡晚會二等獎；小品《將心比心》獲一九九九年春節聯歡晚會三等獎；小品《賣拐》獲二〇〇一年春節聯歡晚會一等獎。

高秀敏先後在《農家十二月》《劉老根兒》《聖水湖畔》《水兵俱樂部》《一鄉之長》《夜深人不靜》《晚霞不是夢》《月芽溝》《金色海灣》《黑土地、黃棉襖》等電視劇中，成功塑造了一個個感人的藝術形象。

高秀敏出生時，只有四斤多。她家姊妹八個，她是老八。高秀敏十五歲在當地民間團體唱二人轉，十九歲進入扶餘縣民間藝術團，這一唱，就是十年。正是這十年的磨煉，使得高秀敏逐漸成了當地的知名演員。

一九八六年，高秀敏獲得國家二級演員職稱，一九九二年辭職做個體演員。但這時候，高秀敏的知名度還僅僅限於當地。

高秀敏成功演出的第一個小品叫《包袱》。《包袱》的故事來源是高秀敏的生活經歷，她生活困難的時候，曾二十多次搬家，可謂居無定所，九平方米的房間曾住過一家四口人。正是有了這樣深刻的生活體驗，高秀敏的表演才入木三分。這個小品獲得全國笑星大賽一等獎，也為高秀敏的物質生活和藝術生活帶來了可觀的改變。

從一九九四年開始，央視及一些省級電視台開始邀請高秀敏參加春節晚會，她的名字逐漸被大家所熟悉。同年，小品《密碼》登陸央視春節晚會，獲得春節聯歡晚會三等獎；一九九七年，小品《柳暗花明》獲春節聯歡晚會三等獎。

自一九九八年開始，高秀敏牽手趙本山，小品《拜年》深受觀眾喜愛，獲央視春節聯歡晚會二等獎。之後，高秀敏和趙本山等人成了央視春節晚會的常客，《將心比心》《賣拐》《賣車》等小品年年大熱。高秀敏演小品演火了，人們記住了這個笑容可掬、走到哪裡都有歡聲笑語的「吉林大嫂」。

二〇〇一年，高秀敏在電視劇《劉老根》中扮演丁香，嫻熟的演技得到一致好評。高秀敏的藝術人生，也在電視劇中得到昇華。之前她還有不少值得一提的影視作品：《一鄉之長》《夜深人不靜》《農家十二月》《晚霞不是夢》《月芽溝》《金色海灣》《黑土地、黃棉襖》等等。電視劇《聖水湖畔》的熱播，讓高秀敏從一個單純的演員走向製片人的高度。

二〇〇五年八月十八日，高秀敏因心臟病突發逝世，年僅四十六歲。

趙金寶——作曲家、馬頭琴演奏家

趙金寶（1962 年 -　），蒙古族，蒙古名阿拉坦，國家一級作曲家，國家一級演奏員，現任中國馬頭琴學會副會長。創作的《我的根在草原》《一代天驕成吉思汗》等十幾首歌曲由著名歌唱家德德瑪、齊峰、阿拉泰、那順等人演唱，並在中央電視台多次播放，廣為流傳。馬頭琴曲《英雄的牧馬人》《永恆的聖火》《馴馬手》等在日本、蒙古國、法國、俄羅斯等國家和地區深受歡迎。二〇〇九年，歌曲《我的根在草原》榮獲全國第十屆「五個一工程」獎。

二〇〇六年，全國第一家馬頭琴專業團體——前郭縣馬頭琴樂團成立，他任團長。現在，樂團人員已經發展到五十多人。二〇〇六年八月，中國民族管絃樂學會正式命名前郭爾羅斯蒙古族自治縣為「中國馬頭琴之鄉」。二〇〇六年九月一日，在前郭縣成立五十週年的慶祝大會上，全縣組織的一一九九人的

▲ 趙金寶

馬頭琴齊奏，創造了吉尼斯世界紀錄。這些成績和榮譽的獲得是與他的辛勤勞動分不開的。

二〇〇八年，松原有幸成為聖火傳遞的必經城市，他受前郭縣委、縣政府的重託，負責組織選拔二〇〇八名馬頭琴樂手，組成有史以來世界上最大的馬頭琴演奏樂團，參加松原市「祥雲」聖火傳遞啟動儀式。他夜以繼日，即使是手掛吊瓶、頭縛毛巾，仍是矢志不移，最終創作了《永恆的聖火》這一團體演奏的馬頭琴曲目，二〇〇八名馬頭琴手在奧林匹克廣場完成了一個「絕唱」，以齊奏表演，創造了新的規模最大的馬頭琴演奏吉尼斯世界紀錄。

第四章

文化景址

　　松原歷史悠久，文化遺存豐厚。文化景址的挖掘、保護和利用考量著當代人的智慧。堅持「文為城之魂」，松原市加強對文化遺址、民俗風情、自然景觀的開發，使城市風貌更富特色與魅力。在松原人的不懈努力下，這些散落的珍珠被一顆顆地串了起來，文明碎片拼成了一幅幅美麗的「城市文化版圖」。六百餘處不可移動文物（其中國家級重點文物保護單位五處），一點六萬餘件館藏文物，一百餘項非物質文化遺產（其中九項被列入國家級非物質文化遺產名錄）閃爍著文化的輝光；龍華風景區、泥林國家地質公園和遍布全市各地的旅遊文化景觀，烏力格爾、郭爾羅斯蒙古族民歌等非物質文化遺產，滿族新城戲等民族民間藝術珍品，交相輝映，光芒四射；哈達山水利樞紐工程的恢宏氣度、規劃展覽館的真實映像呈現出地方人文的發展和繁榮，構成了松原地域文化一道靚麗風景線；「大金得勝陀頌」碑、塔虎城古城址等文物景點的保護開發，更加彰顯松原地域文化的厚重；濱江嘉園、內江的治理，綠地的建造，使城市風貌更富特色和魅力；博物館、圖書館、群眾藝術館、吉林油田歷史文化陳列廳等一批標誌性文化設施的落成，為先進文化的充分展示提供了平台。讓我們再現這些歷史文化奇觀，向世人展示松原的城市記憶。

不可移動文物

「大金得勝陀頌」碑（遼金）

位於扶餘市得勝鎮石碑村東坎下一點五公里處的土崗上，是金代第五代帝王世宗完顏雍為紀念其祖父完顏阿骨打在此地集聚兵馬，誓師起義反遼終獲勝利，而立於此地的記功碑。同時，也是中國發現最完整的漢字碑文和女真碑文對譯的一塊碑刻。一九六一年確定為吉林省文物保護單位，一九八八年一月十三日，被中華人民共和國國務院公布為第三批全國重點文物保護單位（編號178-15）。石碑通高三點二八米，由碑額、碑身、龜趺座組成，正面三十行八一五個漢字，背面三十三行一五〇〇個女真文字。由趙可撰稿，孫俁書丹、党懷英篆額。金大定二十五年七月二十八日立石。

▲ 「大金得勝陀頌」碑

附：「大金得勝陀頌」碑漢字碑文

大金得勝陀頌並序

奉政大夫充翰林修撰同知　制誥兼太常博士驍騎尉賜緋魚袋臣趙可奉敕撰

儒林郎咸平府清安縣令　武騎尉賜緋魚袋臣孫侯奉敕書丹

承直郎應奉翰林文字同知　制誥兼充國史院編修官雲騎尉賜緋魚袋臣黨懷英奉敕篆額

得勝陀，太祖武元皇帝誓師之地也。臣謹按實錄及「睿德神功」碑云：太祖率軍渡淶流水，命諸路軍畢會，太祖先據高阜，國相撒改與眾仰望，聖質如喬松之高，所乘赭白馬亦如崗阜之大。太祖顧視撒改等人馬，高大亦悉異常。太祖曰：「此殆吉祥，天地協應吾軍勝敵之驗也！諸君觀此，正當戮力同心。若大事克成，復會於此，當酹而名之！」後以是名賜其地云。時又以禳之法行於軍中，諸軍介而序立，戰士光浮萬里之程，勝敵刻日，其兆復見焉。

大定甲辰歲，鸞輅東巡，駐蹕上都，思武元締構之難，盡孝孫光昭之道，始也。命新神御，以嚴穆穆之容；既又俾刊貞石，以贊暉暉之業。而孝思不忘念所，以張閎休而揚偉跡者，蓋有加而無已也。

明年夏四月，詔以得勝陀事訪於相府，謂宜如何？相府訂於禮官，禮官以為，昔唐玄宗幸太原，嘗有「起義堂頌」；過上黨，有「舊宮述聖頌」。今若仿此，刻頌建宇以彰聖蹟，於義為允。相府以聞，制曰：「可。」

臣可方以文字待罪禁林，然則頌成功，美形容，臣之職也。敢再拜稽首而獻文曰：

遼季失道，腥聞於天。乃著東顧，實生武元。

皇矣我祖，受天之祐。恭行天罰，布昭聖武。

有卷者阿，望之陵陀。爰整其旅，各稱爾戈。

諸道之兵，亦集其下。大巡六師，告以福禍。

明明之令，如霆如雷。桓桓之士，如熊如羆。

先是太祖，首登高阜。靈既自天，事駭觀睹。

人仰聖質，凜如喬松。其所乘馬，崗阜穹崇。

帝視左右，人馬亦異。曰此美征，勝敵之瑞。

諸君勉之，往無不利。師勝而還，當名此地。

神道設教，易經著辭。厭勝之法，自古有之。

我軍如雲，戈甲相屬。神火焰焰，光浮萬燭。

天有顯道，厥類惟彰。國家將興，必有禎祥。

周武戎衣，火流王屋。漢高奮劍，素靈夜哭。

受命之符，孰云非貞。咄彼宗元，遂誣尚明。

得勝之祥，如日杲杲。至金遺老，疇弗樂道。

聖今天子，武元神孫。化被朔南，德侔羲軒。

眷言舊邦，六飛戾止。六飛戾止，江山良是。

念我烈祖，開創之勤。風櫛雨沐，用集大勳。

聖容既新，聖功即高。永克厥志，以為未也。

惟此得勝，我祖所名。詔以其事，載諸頌聲。

文王有聲，遹駿有聲。遹錄祖業，惟時聖明。

帝王之符，千載合契。配姬與劉，詔於萬世。

大定二十五年七月二十八日立石

塔虎城古城址（遼金）

塔虎城古城址位於前郭爾羅斯蒙古族自治縣八郎鎮北上檯子村北，南距縣城前郭鎮五十公里。長（春）白（城）公路經古城南北二門穿城而過。古城平面呈正方形，周長為五二一三米，城牆為夯土板築。在每面城牆上，各築有十六個半圓形馬面，凸出牆外。在城的四角，各築有一個角樓，與馬面相照應。

▲ 「大金得勝陀頌」碑碑亭

城有東、西、南、北四門，分別設於每面城牆的正中，門外分別築有半圓形翁城。在城外距牆基十米許，圍繞城牆有兩道護城河，中間有一土堤相隔，護城

▲ 塔虎城古城址

河每到甕城處，亦隨其形向外彎轉而過，至角樓處，則在第二道河外又加一道，兩端一直延伸到角樓兩側的第一個馬面處，與第二道護城河連通。城東門外，有一條東西長約七五〇米，寬約三十米的古河道，應為當年引嫩江水入護城河的故道。城內現已墾為耕地，中央地勢較高，四周略為低平，西北角「金鑾殿」遺址依稀可見。城外東北角外側有「點將台」遺址一處。城內地表遺跡豐富，多為陶瓷器殘片和建築飾件，另有大量圍棋子、北宋銅錢、鐵蒺藜等出土。一九六一年四月十三日，該古城址被吉林省人民政府公布為第一批省級文物保護單位。二〇〇一年六月二十五日，該古城址被國務院公布為第五批全國重點文物保護單位。

清追封和碩忠親王碑（清）

清追封和碩忠親王碑位於前郭爾羅斯蒙古族自治縣長山鎮長山熱電廠明珠公園內。一九八一年四月二十日，被吉林省人民政府公布為第二批省級文物保護單位，定名為「滿蒙文石碑」。二〇一三年三月五日，被國務院公布為第七批全國重點文物保護單位，定名為「清追封和碩忠親王碑」。石碑由碑額、碑身、碑趺三部分組成，通高 582 釐米。碑額呈長方體，頂端兩角略圓，高 145 釐米、寬 130 釐米、厚 40 釐米，額正、背兩面各由兩條相互盤繞的蟠龍組成，二龍共蹬一球，球下有一長 45 釐米、寬 40 釐米凸起平面，正面凸起平面上刻有兩豎行 5 個滿蒙文字，皆「敕立」之意。碑身呈板狀長方體，高 292 釐米、寬 125 釐米、厚 34 釐米。碑身四周為雲龍浮雕圖案，內刻有十二條小龍。碑身正面碑面上，從上到下，從左到右，並排刻有十五豎行三八三

▲ 清追封和碩忠親王碑

個滿蒙兩種文字，左為七行新滿文，一八二字，右為八行古蒙文，二○一字，每種文字第一行皆為「追封忠親王暨忠親王賢妃碑」，尾行皆為「大清國順治十二年五月初七日立」。碑身背面四周和正面一樣，亦為雲龍浮雕，中間無文字。碑趺為一石龜，首尾長 310 釐米、高 145 釐米、寬 132 釐米。石龜四足撐地，昂首向前，栩栩如生。

　　石碑為清順治十二年奉順治皇帝旨意為順治皇帝的生母孝莊文皇后的父母所立。孝莊文皇后父寨桑，蒙古族，科爾沁貝勒，順治十一年被追封為和碩忠親王，其妻為賢妃，並立冊文，立碑於墓前。碑文漢譯如下：

追封忠親王及忠親王賢妃碑
帝王恭賢尊功，必崇封宏世，憲前而存後，廣開
親親之道，銘於鐵石，宜究本以示意。
聖母明聖仁上恭恂皇太后：
王考姒育吾者也，思稽其本，祖獲福而子來端。
祖母榮而福生焉。爾子後濟此封王，授以洪恩，
今理祖母遺體，念德崇恩，並立冊文，追封祖父
為忠親王，祖母為忠親王賢妃，立碑於墓，永存
後世，仁親薦恩
大清國順治十二年五月初七日立
（轉錄於《前郭爾羅斯蒙古族自治縣文物志》）

春捺缽遺址群（遼）

　　春捺缽遺址群是在二○○九年第三次全國文物普查時發現的，共有四處，分別位於乾安縣贊字鄉後鳴村西花敖湖南側，分布範圍四點四平方公里，現存高大的台基近九六九個；余字鄉地字村西，分布範圍一點二四平方公里，現存台基二六五個；讓字鎮藏字村北，分布範圍一點二八平方公里，現存土台基二

▲ 「春捺鉢」遺址群後鳴字區台基

九一個；騰字北場西，分布範圍一點七三平方公里，現存台基數四八〇餘個，
多為長方形。

　　春捺鉢遺址群特點是台基普遍高大，最高的近三米，最大的長方形台基長
六十餘米，其餘台基的規模均在八十平方米以上。捺鉢，係契丹語，亦作「納
鉢」，意為遼帝的行帳、牙帳，相當於漢語的「行在」。遼朝處理政務多在馬背
車帳之上和四時「捺鉢」之中。春捺鉢遺址群曾出土過六耳銅鍋、多處灶址、
遼代輪齒紋陶片、粗白瓷片、金銀飾件、鐵器、石磨、獸骨、北宋銅錢等。二
〇一三年三月五日，該遺址被國務院公布為第七批全國重點文物保護單位。

石頭城子古城址（遼金）

　　石頭城子古城坐落在扶餘市城東三公里處，三岔河鎮石頭城子社區內，略
高出四周的台地上。平面呈矩形，方向三五〇度，面積二十三萬平方米，周長
一九二二米，東城牆、南城牆已蕩然無存，僅有隱約可見的牆基特有的土質。
西牆殘長三百米，北牆殘長五百米。環繞古城有一條護城河，現在已經淤平，
難見原貌。城內現有二十四戶民房。一九八一年，城外出土一方銅印，印文為

▲ 石頭城子古城北牆內側

「利涉縣印」四字。《吉林通志》寧江州條認為,此城即遼代寧江州舊址。由於城內破壞嚴重,現在已無法見到古城原有布局,僅在城內偏南及北部各見一條灰土帶和一道土崗,南側灰土帶寬近十三米,長約三百米;北部土崗寬三米,灰土帶及土崗上遍布殘磚碎瓦、陶瓷殘片,可能是當年的建築址。此城為遼代所建,金代沿用,一九六一年四月十三日,被吉林省人民政府公布為第一批省級文物保護單位。二〇一三年三月五日,該遺址被國務院公布為第七批全國重點文物保護單位。

長崗子遺址(奴隸社會、扶餘、鮮卑居住時期)

遺址位於寧江區伯都鄉伯都村西北三公里處的松花江支流馬場溝子河東岸。遺址處為東西走向的小漫崗,四面是開闊的松花江河灘平地。遺址以漫崗為中心,在地表上能見到大量的「漢書二期文化」類型的陶片,也有不少遼、金時代的遺物。長崗遺址早期遺存屬於「漢書二期文化」類型,即處於青銅文化晚期的扶餘族的遺存,契丹和女真族也曾在此居住。一九七四年,吉林大學考古系對該遺址進行試掘,屬青銅文化遺存,一九六一年四月十三日,該遺址被吉林省人民政府公布為第一批省級文物保護單位。

▲ 長崗子遺址

紅石砬子遺址（青銅）

　　紅石砬子遺址位於前郭爾羅斯蒙古族自治縣吉拉吐鄉東咚勒赫村南二五

▲ 紅石砬子遺址

○○米的松花江西岸台地上，因台地臨江斷壁處有褐紅色岩石，當地人稱之為紅石垃子。遺址北側有一東西走向大溝，溝南地勢平坦，遺址處地勢東低西高中間平，東臨松花江，分布範圍東西約四百米、南北約五百米。地表耕地中分布有殘碎陶器殘片，其中有黑褐夾砂陶片、泥質陶片、紅衣陶片等。器形有鬲足、鼎足、橋狀器耳等，均為手製，另有石斧殘塊出土，由於地表耕種多年，很少見有成形文物。一九八一年四月二十日，該遺址被吉林省人民政府公布為第二批省級文物保護單位。

腰井子北崗遺址（新石器）

腰井子遺址坐落於長嶺縣三十號鄉腰井子村腰井子屯西北大沙崗西端的南坡腳下，面積約十萬平方米。沙崗高約四至六米，寬八十米左右，長約三公里，遺物散布在東西長約一千米，南北寬約四十米的崗子南坡上。散布的遺物比較豐富，地表有風沙剝蝕後暴露的房址，是典型的新石器時期的遺址，出土有玉器、蚌器、石器、骨器和陶器，採集的陶片多為黃褐色細砂陶，紋飾有刻畫之字紋、幾何紋等，出土的環形玉璧被國家定為二級保護文物。一九八七年

▲ 腰井子北崗遺址

十月二十日，該遺址被吉林省人民政府公布為第四批省級文物保護單位。

伯都古城址（遼金）

　　伯都古城位於寧江區城北十二點五公里的伯都鄉永清村所在地東南五十米處，該處地勢較為平坦，城的東、南、西三面是平原，東北部有一東南—西北走向的漫崗。城西二四〇米處是伯都鄉通往寧江區的公路，距離松花江四公里，是一處水草豐美、肥田沃野的好地方。該城是寧江區境內規模最大的古城，根據城址的形制，屬於遼金時期，另外其四周還圍繞有許多較小的遼金古城，如新安古城、楊家古城、班德古城等。一九八七年十月二十日，該古城址被吉林省人民政府公布為第四批省級文物保護單位。

▲ 伯都古城址

狼牙壩古墓群（青銅）

　　該墓群位於乾安縣所字鄉所字村學字井西約五百米處，在大布蘇湖東岸的中部，大布蘇湖東岸，南北長近七點五公里。由於植被遭到破壞，加之多年雨水沖刷，水土流失嚴重，使岸邊形成了土柱林立，千溝萬壑之狀，當地人稱之

▲ 狼牙壩墓群地貌全景

為狼牙壩。在被雨水沖刷所形成的土柱的坡上裸露著數十座被沖毀的古代墓葬。墓群中有零散的人骨架，有的人骨已染上了綠色的銅鏽，還有獸骨、馬牙、陶器、陶片、細石器、銅飾件、銅錢、骨器等。上述遺物都是一堆一堆地分布，分布範圍南北一百米，東西五十米，從殘跡觀察，屬無棺無槨的土坑豎穴墓，關於葬式、葬俗等情況，由於破壞嚴重，已無法查明。一九九九年二月二十六日，狼牙壩古墓群被吉林省人民政府公布為第五批省級文物保護單位。

七大爺府、祥大爺府（清）

　　七大爺府坐落在前郭爾羅斯蒙古族自治縣哈拉毛都鎮王府屯中央，原為郭爾羅斯前旗末代王爺齊默特色木丕勒七叔的府址，故稱「七大爺府」。七大爺

▲ 狼牙壩出土文物

▲ 七大爺府

府坐北朝南，為四合院磚瓦硬山式卷棚頂建築，占地面積二五○○平方米。院內正庭五間，兩側各有耳室一間，東、西廂房各三間，前有門房，中有迴廊相連，耳室與廂房各有一月亮門，與外院相通，正廂房房簷凸出，簷下各有朱紅獨木大柱，正房四根，廂房兩根，簷下直通迴廊。院中為青磚砌就的十字甬道，分通各房，門窗及彩繪皆經後來維修，原貌已失。

祥大爺府坐落在王府屯的西南，現為前郭縣第二良種繁育場所在地。此府原為齊默特色木丕勒的伯父包祥令府址，因取其「祥」字，故稱「祥大爺府」。祥大爺府坐北朝南，為四合院磚瓦硬山式卷棚頂建築，占地面積二五○○平方米，院內有正庭面闊五間，東、西廂房面闊三間，中有迴廊相連。正廂房房簷凸出，簷下各有朱紅獨木大柱，正房四根、廂房兩根、簷下直通迴廊。院中為青磚砌就的十字甬道，分通各房，門窗及彩繪皆經後來維修，原貌已失。二○○七年五月三十一日，被吉林省人民政府公布為第六批省級文物保護單位。

大老爺府（清）

大老爺府位於前郭爾羅斯蒙古族自治縣烏蘭圖嘎鎮圖嘎大街鎮政府院內。

▲ 祥大爺府

府址主體建築已於解放前拆毀，現僅存東大院正房，為面闊三間。此府原為郭爾羅斯前旗扎薩克協理四等台吉額駙蘇瑪弟府址，為乾隆初年公主下嫁時皇家所造，後來當地群眾稱之為「大老爺府」。其建築坐北朝南，為磚瓦橫脊硬山式建築。東西長十一米、南北寬七米，占地面積七十七平方米。原院落當地稱

▲ 大老爺府址廊下

東大院，有正房三間，東西各三間，另有土房若干間，外有大土牆相圍，四崗有炮樓。二〇〇七年五月三十一日，大老爺府被吉林省人民政府公布為第六批省級文物保護單位。

寧江清真寺（清）

　　清真寺位於寧江區團結街，始建於乾隆五十四年（1789 年），由當地穆斯林自己出資建築，建築面積三千多平方米，是我省最負盛名的清真寺之一。寺院建築頗具民族特色，蘊含多元文化，是吉林省保存較為完整的清代建築。整個建築設計是一個典型的坐西朝東的宮殿式四合院。清真寺規模宏大，巍峨壯觀。「文革」期間，該寺遭到嚴重破壞，大殿與遙殿被毀，對廳和講堂改為居民住宅，並蓋了許多小房，變成居民大雜院。黨的十一屆三中全會後，為進一步貫徹黨的民族政策和宗教政策，經上級有關部門批准和撥款，於一九八一年九月動工重建，一九

▲ 清真寺

八五年竣工，因工程投資不足，十幾年後，重修後的主建築已見傾圮。二〇〇七年五月三十一日，寧江清真寺被吉林省人民政府公布為第六批省級文物保護單位。二〇〇八年，依伊斯蘭建築風格再次重建。

萬善石橋（民國）

　　萬善石橋坐落在扶餘市長春嶺鎮石橋村，橫跨賈津溝子之上。石橋籌建於中華民國元年（1912 年），民國十年（1921 年）竣工。是吉林省內最早的一座公路石橋。據《扶餘市志》記載：「自民國元年時，因賈津溝子之木橋歷年倒塌，苦於修葺，遂由長春嶺慈善會吳守仁、石洪範提倡募集善資，修築石橋。」由當地一批僧人四出化緣，遠至魯、晉、冀、豫等省，募集善資。石料

▲ 萬善石橋南側全景

採自吉林市阿什哈達經松花江水運而至，歷經十年苦心籌劃，艱辛勞作，終建石橋。此橋為三孔拱式，橋身由花崗岩石條砌成，全長四十點一米，寬四點一米，高七點七米。一九八五年，扶餘縣人民政府公布其為縣級重點文物保護單位。二〇〇七年五月三十一日，萬善石橋被吉林省人民政府公布為第六批省級文物保護單位。

館藏文物

松原市現有館藏文物 16081 件（不含標本 600 件）。其中松原市博物館 1119 件，扶餘市博物館 7545 件（二級藏品 7 件，三級藏品 28 件），前郭郭爾

▲ 海獸葡萄銅鏡

▲ 遼金六耳鐵鍋

▲ 明朝青花瓷石紋盤

▲ 鼓腹紅衣陶壺
（戰國至漢）

羅斯博物館 5332 件（二級藏品 30 件，三級藏品 310 件），乾安縣博物館 1690 件，查干湖漁獵文化博物館 600 件（標本），長嶺縣文管所 390 件（二級藏品 2 件，三級藏品 14 件），寧江區文管所 5 件。

非物質文化遺產

全市共有一〇九項非物質文化遺產，其中九項被列入國家級非物質文化遺產名錄（簡介附後）；十八項被列入省級非物質文化遺產名錄；五十二項被列入市級非物質文化遺產名錄。全市有一人被確定為國家級非物質文化遺產項目代表性傳承人，有三十四人被確定為省級非物質文化遺產項目代表性傳承人。

國家級非物質文化遺產名錄如下：

烏力格爾

烏力格爾，蒙古語音譯，意為「說書」，俗稱「蒙古書」「蒙古說書」「蒙古琴書」，是古老薩滿神詞逐步民俗化的產物，融合了蒙古族史詩說唱、祝讚詞、好來寶、敘事民歌、祭祀音樂以及北方漢族曲藝等各種藝術精華而流傳至今。二〇〇六年五月，烏力格爾被列入第一批國家級非物質文化遺產名錄。

▲ 烏力格爾

郭爾羅斯蒙古族民歌

郭爾羅斯蒙古族民歌浩如煙海、代代相傳，其豐富的內容，優美的旋律，精闢的詩句，藝人和民歌手動聽的演唱，深深地存

▲ 蒙古族民歌

在於蒙古族人民的心中，受到廣大農牧民的喜愛而廣為傳唱。二〇〇八年六月，郭爾羅斯蒙古族民歌被列入第二批國家級非物質文化遺產名錄。

蒙古族婚俗

蒙古族傳統婚俗在前郭爾羅斯歷史悠久，世代沿襲。其習俗以隆重的婚禮為核心，以貫穿的婚禮歌為主線，兼有迎送賓朋、祭火拜天、悲離歡聚、文體娛樂等豐富的民俗內容，是完整演繹的一部古老而獨特的郭爾羅斯史話。二〇〇八年六月，蒙古族婚俗被列入第二批國家級非物質文化遺產名錄。

▲ 蒙古族婚禮婚俗

蒙古族馬頭琴音樂

馬頭琴是蒙古族歷史上較為悠久的一種弓絃樂器，因琴首雕有馬頭而得名，是蒙古族音樂文化的典型代表，其造型、製作材料、音質音色、音樂表現風格和演奏方法，均體現著蒙古族的性格和內涵。二〇〇八年六月，蒙古族馬頭琴音樂被列入第二批國家級非物質文化遺產名錄。

▲ 蒙古族馬頭琴音樂

蒙古族四胡音樂

四胡又稱四絃琴，其形似二胡，弦為四根，是具有代表性的蒙古族民間樂器。迄今為止，已有幾百年的歷史，是說唱好來寶、蒙古琴書、演唱蒙古族民歌不可缺少的民間樂器。被譽為「一代琴王」的蒙古族著名演奏家蘇瑪，是郭

爾羅斯蒙古族四胡音樂的代表人物。二〇〇八年六月，蒙古族四胡音樂被列入第二批國家級非物質文化遺產名錄。

查干淖爾冬捕習俗

　　查干湖歷史上就是天然的漁獵之地。冬季捕魚在遼金時期以「捺缽」形式盛行，從遼聖宗到天祚帝都有遼帝到查干湖進行破冰捕魚的歷史記載。冬捕是群眾性的生產習俗。參與其中的傳承者較多，既有熟悉的祭祀禮儀的族人，又有掌握生產技術的漁把頭，還有薩滿或喇嘛以及祝詞家等。二〇〇八年六月，查干淖爾冬捕習俗被列入第二批國家級非物質文化遺產名錄。

《陶克陶胡》（民間文學）

　　陶克陶胡（1864 年 - 1922 年），蒙古族孛兒只斤氏，簡姓為包。一八六四年農曆四月初八，出生在郭爾羅斯前旗塔虎城三家子屯一個毫克台吉家庭。父親叫恩和畢力格，母親叫巴應嘎。陶克陶胡反抗蒙古

▲ 蒙古族四胡音樂

▲ 查干淖爾冬捕習俗

▲ 《陶克陶胡》

封建王公及清廷的起義，以幾十人的兵力與成千上萬官軍在東北與東蒙廣闊地帶進行了一百餘次激戰，是歷史上少見的率軍起義以勝利告終的民族英雄。二〇一一年五月，民間文學《陶克陶胡》被列入第二批國家級非物質文化遺產名錄。

查干薩日（春節）

「查干薩日」係蒙古語的漢語音譯，蒙語中的「查干」是有著「白色」「聖潔」和「開始」等含義的多義詞，「薩日」即月份之意。「查干薩日」意為春節、白色的新年或新年的第一個月。據史書記載，自元朝起，蒙古族接受了漢族曆法，因此，蒙古族白月與漢族春節正月相符。這就是蒙古族

▲ 春節（查干薩日）

過「春節」的由來。二〇一一年五月，查干薩日（春節）被列入第二批國家級非物質文化遺產名錄。

馬頭琴製作技藝

馬頭琴是蒙古族最具特色的民族民間樂器之一，因琴首雕有馬頭而得名，蒙古語音譯為「莫林胡爾」。其前身是蒙古語稱為「潮爾」的民間拉絃樂器，其發展歷史已有一千三百多年。早期傳統的馬頭琴，製作工藝簡單，後經過馬頭琴大

▲ 馬頭琴製作技藝

師色拉西的改造，製作與加工技藝不斷完善發展。二〇一一年五月，馬頭琴製作技藝被列入第二批國家級非物質文化遺產名錄。

附：松原市非物質文化遺產目錄表

序號	資源類別	資源名稱	分布區域	傳承人情況	入選各級名錄情況（批次）			
					國家級	省級	市級	縣級
1	傳統音樂	蒙古族馬頭琴音樂	前郭縣	嘎日迪（省級）	1	1	1	
2	傳統音樂	蒙古族四胡音樂	前郭縣	齊光（省級）	1	1	1	
3	傳統音樂	郭爾羅斯蒙古族民歌	前郭縣	靈月（省級）	2	1	1	
4	曲藝	烏力格爾	前郭縣	包·朝格柱（國家級）唐森林（省級）	1	1	1	
5	民俗	蒙古族婚俗	前郭縣	張寶音、敖志紅（省級）	1	1	1	
6	民俗	查干淖爾冬捕習俗	前郭縣		2	1	1	
7	民間文學	陶克陶胡	前郭縣	包廣林（省級）	3	2	1	
8	傳統技藝	馬頭琴製作技藝	前郭縣	白蘇古郎（省級）	3	2	1	

序號	資源類別	資源名稱	分布區域	傳承人情況	入選各級名錄情況（批次）			
					國家級	省級	市級	縣級
9	生產習俗	查干薩日（春節）	前郭縣	趙發（省級）	3	2	1	
10	傳統戲劇	滿族新城戲	松原市	楊欣新、趙彩霞（省級）		2	1	
11	民間舞蹈	蒙古族安代舞	前郭縣	于華（省級）		1	1	
12	傳統技藝	老醋釀造	寧江區			1	1	
13	民俗	蒙古族薩滿祭天儀式	前郭縣	鮑玉貴、陳十月（省級）		1	1	
14	民間文學	蒙古族長篇英雄史詩	前郭縣	包玉文、朝魯蒙（省級）		2	1	
15	傳統音樂	長調、短調	前郭縣	烏日娜、吳水格特（省級）		2	1	
16	傳統舞蹈	郭爾羅斯查瑪舞	前郭縣	王國忠（省級）		2	1	
17	傳統舞蹈	郭爾羅斯秧歌	前郭縣			2	1	
18	曲藝	蒙古族好來寶	前郭縣	唐國興（省級）		2	1	

序號	資源類別	資源名稱	分布區域	傳承人情況	入選各級名錄情況（批次）			
					國家級	省級	市級	縣級
19	雜技	蒙古族射箭	前郭縣	馬玉清（省級）		2	1	
20	雜技	蒙古族那達慕	前郭縣	高柏傑（省級）		2	1	
21	傳統技藝	查干湖全魚宴	前郭縣	李長河（省級）		2	1	
22	傳統技藝	蒙古族蕎麵食品加工技藝	前郭縣	高宏俐（省級）		2	1	
23	傳統技藝	蒙古族餡餅製作技藝	前郭縣	鄧豔（省級）		2	1	
24	民間美術	蒙古族枕頭頂刺繡	前郭縣	其木格（省級）		2	1	
25	傳統技藝	朝鮮族鹹菜製作技藝	前郭縣	白順姬（省級）		2	1	
26	民俗	蒙古族服飾	前郭縣	包桂英、烏銀（省級）		2	1	
27	民俗	蒙古族祭敖包	前郭縣			2	1	
28	傳統醫藥	雷氏正骨	前郭縣	雷廣軍（省級）		2	1	
29	民間舞蹈	盅碗舞、筷子舞	前郭縣	包淑華、烏蘭（省級）		2	1	
30	傳統技藝	增盛永酒業釀造技術	扶餘縣	王志遠（省級）		2	1	

序號	資源類別	資源名稱	分布區域	傳承人情況	入選各級名錄情況（批次）			
					國家級	省級	市級	縣級
31	雜技	鹿棋	前郭縣	旭日花（省級）		2	1	
32	民間文學	于鳳至家族故事	市直			3	2	
33	民間文學	大布蘇傳說	乾安縣			3	2	
34	民間文學	祝讚詞	前郭縣			3	2	
35	民間文學	阿闌豁阿的故事	前郭縣			3	2	
36	民間文學	巴拉根倉的故事	前郭縣			3	2	
37	傳統音樂	潮爾	前郭縣			3	2	
38	傳統音樂	呼麥	前郭縣			3	1	
39	傳統舞蹈	郭爾羅斯博舞	前郭縣			3	1	
40	傳統遊藝	喜塔爾（蒙古族象棋）	前郭縣			3	2	
41	傳統遊藝與競技	蒙古族乃日	前郭縣			3	2	
42	傳統遊藝與競技	郭爾羅斯蒙古族扔砣	前郭縣			3	2	
43	傳統遊藝與競技	蒙古族打嘮嘮（布日格）	前郭縣			3	2	
44	傳統美術	烏力吉將嘎（繩編）	前郭縣			3	2	

序號	資源類別	資源名稱	分布區域	傳承人情況	入選各級名錄情況（批次）			
					國家級	省級	市級	縣級
45	傳統美術	郭爾羅斯剪紙	前郭縣			3	2	
46	傳統手工技藝	伯都訥滿族扎彩技藝	寧江區			3	2	
47	傳統手工技藝	嶺泉白酒釀造技藝	長嶺縣			3	2	
48	傳統手工技藝	三青山粉條製作工藝	長嶺縣			3	2	
49	傳統手工技藝	前郭爾羅斯釀酒技藝	前郭縣			3	2	
50	傳統手工技藝	前郭爾羅斯蒙古族牛肉乾製作技藝	前郭縣			3	2	
51	傳統手工技藝	郭爾羅斯傳統民居建造技藝	前郭縣			3	2	
52	傳統手工技藝	黏米食品製作技藝	前郭縣			3	2	
53	民　俗	蒙古族交往禮俗	前郭縣			3	2	
54	民　俗	蒙古族祭火	前郭縣			3	1	
55	民　俗	蒙古族祭神樹	前郭縣			3	1	
56	民　俗	成吉思汗祭	前郭縣			3	3	
57	民　俗	郭爾羅斯祈月節	前郭縣			3	3	

序號	資源類別	資源名稱	分布區域	傳承人情況	入選各級名錄情況（批次）			
					國家級	省級	市級	縣級
58	民間文學	郭爾羅斯黑馬敖包傳說	前郭縣				1	
59	民間文學	安代舞傳說	前郭縣				1	
60	民間文學	查干湖和塔虎城系列故事	前郭縣				1	
61	民間文學	孝莊故事	前郭縣				1	
62	民間文學	龍坑傳說	前郭縣				1	
63	民間文學	達金道寶傳說	前郭縣				1	
64	民間音樂	好來寶音樂	前郭縣				1	
65	民間音樂	薩滿「博」音樂	前郭縣				1	
66	民間音樂	郭爾羅斯婚禮歌	前郭縣				1	
67	民間音樂	民間套曲《折箭同義》	前郭縣				1	
68	民間舞蹈	漁獵舞蹈	前郭縣				1	
69	曲藝	二人轉	前郭縣				1	
70	雜技	博克（蒙古式摔跤）	前郭縣				1	
71	雜技	速度賽馬	前郭縣				1	
72	雜技	投布魯	前郭縣				1	
73	雜技	「沙哈」遊戲	前郭縣				1	
74	雜技	鞦韆、跳板	前郭縣				1	

序號	資源類別	資源名稱	分布區域	傳承人情況	入選各級名錄情況（批次）			
					國家級	省級	市級	縣級
75	傳統技藝	郭爾羅斯全羊席製作	前郭縣				1	
76	傳統技藝	漁網編織技藝	前郭縣				1	
77	傳統技藝	蒙古族手把肉加工技藝	前郭縣				1	
78	傳統技藝	奶食品製作技藝	前郭縣				1	
79	傳統技藝	冰下捕魚技術	前郭縣				1	
80	民間信俗	蒙古族祭湖習俗	前郭縣				1	
81	民間信俗	錫伯族漁獵	前郭縣				1	
82	傳統醫藥	雷氏正骨	寧江區				1	
83	傳統戲劇	評劇	前郭縣				1	
84	傳統戲劇	拉場戲	前郭縣				1	
85	民間文學	郭爾羅斯部落傳說	前郭縣				2	
86	民間文學	郭爾羅斯寺廟故事	前郭縣				2	
87	民間文學	郭爾羅斯蒙古族地名傳說	前郭縣				2	
88	民間文學	乾安縣地名傳說	乾安縣				2	
89	民間美術	剪紙	扶餘縣				2	

序號	資源類別	資源名稱	分布區域	傳承人情況	入選各級名錄情況（批次）			
					國家級	省級	市級	縣級
90	民間美術	蒙古族刺繡	前郭縣				2	
91	民間音樂	郭爾羅斯扎薩克音樂	前郭縣				2	
92	民間舞蹈	朝鮮族農樂舞	前郭縣				2	
93	民間舞蹈	滿族秧歌	寧江區				2	
94	傳統戲劇	郭爾羅斯蒙古戲	前郭縣				2	
95	雜技與競技	冰嘎遊戲	前郭縣				2	
96	雜技與競技	蒙古族紙牌	前郭縣				2	
97	傳統手工藝	風乾魚製作技藝	前郭縣				2	
98	傳統手工藝	蒙古族鹹菜製作技藝	前郭縣				2	
99	傳統手工藝	李家湯鍋製作技藝	前郭縣				2	
100	民俗	蒙古族端午習俗	前郭縣				2	
101	民俗	朝鮮族花甲宴習俗	前郭縣				2	
102	民俗	蒙古族成年禮俗	前郭縣				2	

序號	資源類別	資源名稱	分布區域	傳承人情況	入選各級名錄情況（批次）			
					國家級	省級	市級	縣級
103	民　俗	蒙古族壽辰禮俗	前郭縣				2	
104	民　俗	蒙古族養馬馴馬習俗	前郭縣				2	
105	傳統醫藥	蒙醫針灸	前郭縣				2	
106	傳統醫藥	蒙醫放血療法	前郭縣				2	
107	傳統醫藥	牛氏正骨	扶餘縣				2	
108	民間美術	伯都訥滿族民間剪紙	寧江區				3	
109	雜技與競技	太極五行通背拳	寧江區				3	

旅遊文化景觀

查干湖旅遊度假區

　　查干湖旅遊度假區位於吉林省松原市前郭爾羅斯蒙古族自治縣境內，是國家 AAAA 級景區、國家級水利風景區、國家級自然保護區。度假區總面積六百平方公里，區內分設旅遊度假區中心區、草原風光和蒙古族風情旅遊區、水上娛樂休閒區、野餐野營區、濕地生態旅遊區、農業觀光區、石油產業觀光區共七個旅遊功能區塊。查干湖蒙古語為查干淖爾，意為白色聖潔的湖，水域面積五〇六平方公里，全國十大淡水湖之一、中國北方最大的草原湖泊，也是吉林省最大的內陸湖泊，吉林省著名的漁業生產基地、蘆葦生產基地和著名的旅遊勝地。查干湖自然資源十分豐富，盛產鯉、鰱、鯽等魚類十五科六十八種，年產鮮魚六千多噸。湖區內野生動物二十多種，珍貴鳥類八十多種，野生植物二

百多種，其中藥用植物一四九種。主要景點有妙因寺、成吉思汗召、王爺府商業街、查干湖漁獵文化博物館、鴻鵠樓、青山頭遺址、水上遊樂場、生態休閒垂釣場、草原賽馬場、民用射擊俱樂部等。

查干湖四季景色有著迥然不同的韻味。春天，沉睡了一冬的湖水靜悄悄地醒來，復綠的春草、初綻的百花倒映在湖面，湖畔鷗鷺齊飛，百鳥鳴唱，湖中煙波浩渺，漁帆點點，水中魚兒擺尾追隨。置身這如詩、如畫、似夢、似幻、似「仙境」的景色中，再品嚐一番湖水燉湖魚的美味，讓人樂不思歸！夏日，漠漠大湖碧波萬頃，兩岸花開香溢四野，漁歌婉轉，櫓聲咿呀，更添流雲鶴影。湖邊的蘆葦在微風中搖擺著枝葉輕歌曼舞，嬉戲魚兒不時躍出水面，偷窺

▼ 查干湖旅遊度假區

著綠柳紅花的湖畔秀色，此時的遊人或置身於遊艇之上，穿梭於綠色的蒲葦長廊任涼風掠襟，領略飛舟斬浪的愜意；或端坐於岸邊柳蔭葦影之下效漁翁垂釣於湖，享受紅鯉吞鉤的驚喜，更會叫遊人流連忘返。秋天，浩渺的查干湖氣爽風輕，大野悠悠，蘆花撲面，雁陣南歸。秋陽為湖畔的萬物披上了金色的外衣，美麗的查干湖又增添了幾分豐饒與雍容。冬季，銀裝素裹的查干湖像一塊碩大的碧玉鑲嵌在飛雪茫茫的松嫩平原上，冰面上一串串冬捕的爬犁往來穿梭，高亢激越的勞動號子驅散了嚴冬的寒冷，沉甸甸的大網拉出了鱗光耀眼的鮮魚，也拉出了絢麗的希冀，勾畫出冬日查干湖雄渾壯闊的北國風光。

蓮花源

蓮花源位於前郭縣蓮花泡農場境內，距松原市市區十公里，占地面積四十二萬平方米。蓮花源內旅遊場館設施齊全，設有九百畝的林地狩獵場、蓮花池、五十畝稻田、魚池等自然景觀。在蓮花池中心位置建造了仿古式建築「三簷亭」，可以使遊人俯瞰蓮花池全貌，在「三簷亭」四周建有曲橋，蓮花池東側建有仿古長廊，還有各類遊船，可供遊人在蓮花池內泛舟、賞花。蓮花源既

▲ 蓮花源

有南國水鄉風格，又具北國蒙古族特色，是集休閒、娛樂、度假、購物為一體的旅遊景區，它既可以滿足遊客觀光的需求，又可以承擔接待大、中型會議。

查干湖冬捕——吉林八景之一

　　查干湖冬捕，被譽為「冰湖騰魚」，吉林八景之一，是一年一度的「中國‧吉林查干湖冰雪漁獵文化旅遊節」最壯觀的一項節慶內容。每年的十二月下旬開始（開網），至次年的一月下旬結束（收網）。鮮魚年產量可達百萬公斤，單網最高產量十六點八萬公斤，以「規模最大的冬網捕魚」創造吉尼斯世界紀錄。查干湖冬捕歷史由來已久，早在遼金時期就享有盛名。遼帝每年都要攜群臣嬪妃來此鑿冰捕魚，大擺「頭魚宴」，春盡乃還。雖然歲月更迭，但沿襲千年的查干湖冬捕得以傳承。「祭湖‧醒網」儀式是查干湖冬捕中最神祕的一個環節，整個祭祀過程極具民族特色和神祕色彩，是中國北方漁獵文化的代表。主要有跳查瑪舞、誦佛經、魚把頭唱祭詞、祭祀天父地母和湖神、喝壯行酒等活動。被業內專家學者稱為「最後的漁獵部落」「地球上與青藏高原一樣珍貴的一塊原地」「北緯四十五度線以北絕無僅有的活態冰雪漁獵文化遺存」。

▼ 查干湖冬捕——吉林八景之一

二〇〇四年，查干湖冬捕還被中國城市研究會列入「中華百大美景奇觀」並載入《亞太國際卓具保留價值的生態歷史財富》藍皮書目錄；二〇〇八年又被國務院批準確定為國家級非物質文化遺產，查干湖旅遊區也被文化部確定為國家級非物質文化園區。

三江口遊覽區

　　三江口也稱三岔河口，因嫩江、松花江北流段在此匯流形成松花江幹流而得名。三江口遊覽區占地三千萬平方米，位於松原市寧江區北端，距市區四十公里，由松原碼頭乘船可達。由於松嫩兩江的水質差異，二水並流後形成兩種不同的顏色，猶如青龍、黃龍並駕齊驅，匯合翻滾，東流數里猶不相混，景象蔚為壯觀。站在航道中間的大船上翹望，一幅奇異景象便清晰地展現在眼前：蜿蜒的嫩江從西北湧動著黛青的波濤滾滾而來，松花江北流段從東南泛著渾黃的層層浪花奔騰而至，匯合後，二水頂托，並行而下，形成浩浩蕩蕩的松花江

▲　三江口遊覽區

幹流。每到夏秋季節，這裡成為廣大遊客泛舟觀景、作客漁家、飲酒娛樂的旅遊勝地。松花江左岸岸邊建有「中山紀念塔」一座，塔基盤根於水底，塔峰直指雲天，氣勢巍峨。正面鐫刻著革命先行者孫中山先生在《建國方略》中設計將在嫩江和松花江匯流處建立一座樞紐城市——東鎮的一段原文。

鰉魚圈

　　鰉魚圈位於松花江西流北轉處的江心沙洲上，因歷史上捕養鰉魚而得名。休憩遊覽區面積一二〇公頃，南距松花江大橋十五公里，與市區陸路直接距離七點八公里。乘市內公交車可達橋西碼頭，然後轉乘遊船即可到

▲ 鰉魚圈

達。在清代，鰉魚曾是皇室貢品。傳說乾隆皇帝北巡，由吉林乘船順流而下巡視松花江流域民情，在去觀賞松嫩交匯的三江口江景的途中，曾在此下榻。而恰在此時，錫伯族漁民捕得數尾鰉魚。據漁民說，此魚十分神奇，不來貴人不露面，乾隆皇帝當場便賜錫伯漁民黃綾大車等物，命其每逢大年三十進京獻貢。鰉魚圈由此得名，鰉魚也因此聞名於世。

▼ 龍華風景區

龍華風景區

　　龍華風景區位於吉林省松原市寧江區森林公園內，地處松花江右岸，距市區三公里。龍華園占地四十四萬平方米，園內建有音樂噴泉、假山、人工湖水系、望江亭、雕塑長廊等。其中雕塑長廊又分四部分：善心園、童趣園、情人園、傳統美德園。龍華寺始建於清光緒三十一年（1905年），重建於一九九二年，占地一〇六公頃，是松原市佛教活動中心。這裡叢林雲集、山水相依、風景秀麗。整個寺院由四十八個小院組成，規劃建築面積四點二二萬平方米。現已建成弘法樓、唸佛堂、地藏殿、禪堂、護法殿、功德堂、藥師殿、雲水堂、鐘鼓樓、天王殿、東西配殿、大雄寶殿等二十餘座殿堂建築。龍華寺以其布局宏大、氣勢宏偉，躋身於全國乃至亞洲最大的寺院行列之中，成為吉林省最大的佛教文化勝地，也是松原旅遊觀光的一處人文勝境。

泥林國家地質公園

　　泥林國家地質公園位於吉林省松原市乾安縣西部，距縣城三十五公里，西

▲ 泥林風光

臨大布蘇湖，是國家級自然保護區。泥林若鋸齒狼牙，奇峰林立，氣勢磅礡，像一座森嚴的古城堡。垛口連綿，影若將士扶望守城，嚴陣以待，狀如狼牙，故當地人稱為「狼牙壩」。「狼牙壩」高出湖面五十米，南北長十五公里，面積為五十八平方公里，溝壑縱橫，疊巒起伏，數以萬計泥柱如林，連峰接嶺，土壁陡峭，形狀各異，陣陣寒氣逼人，大有幽谷深淵之感，猶如置身於原始公園之中。土柱泥林，其形似鋸齒，脈脈相連，橫臥南北，有「南有石林，北有泥林」之美譽。泥林歷經風雨滄桑，在漫長的歷史變遷中完好地保存下來，不失其故有的風采。中外考古學家發掘的十三種脊椎動物化石證明，這裡幾萬年前生存著大批猛獁象、披毛犀動物群。從相繼發掘的許多古代石器、陶器、青銅器、兵器、古錢化石裝飾等可以證明，數千年前的新石器時代就有人聚居在這裡，並從事生產活動。一九九四年三月，大布蘇「狼牙壩」被省政府批准為「大布蘇狼牙壩自然保護區」；二○○四年一月吉林省政府撥專款建立了中國乾安泥林博物館；二○○五年七月被國土資源部批准為國家級自然保護區；二

▲ 孝莊祖陵風景區

○○九年八月被國土資源部批准為國家級地質公園。

孝莊祖陵風景區

　　孝莊陵風景區位於吉林省松原市前郭爾羅斯蒙古族自治縣長山鎮內，占地面積二點二平方公里，其中水面面積一點四平方公里。景區建於一九八八年，區內東有孝莊祖陵陳列館，西有遊船娛樂區，南有蘇州園林區，北有卡丁車場和釣魚台，中間環繞的是人工湖。著名的「追封忠親王暨忠親王賢妃碑」館藏於此。順治十二年五月七日，順治皇帝外祖父忠親王寨桑的長孫和塔遵照順治皇帝旨意，在忠親王暨忠親王賢妃墓前刻立此碑。因碑文為滿蒙兩種文字，又稱「滿蒙文石碑」。孝莊祖陵陳列館──全館占地○點三萬平方米。館內共設三個展廳。正殿是蒙古女傑布木布泰（孝莊文皇后）玻璃鋼仿漢白玉側身坐像，東展廳是有關祖陵諸如「靴子廟」「哭女山」的神奇傳說，西展廳是以大型仿青銅浮雕壁畫形式展現的有關孝莊文皇后祖父輩的歷史演義。此碑是清順治帝為其外祖父、外祖母（孝莊文皇后的父母）所立，至今已有三五○多年。石碑由碑額、碑身、碑座三部分組成，呈板狀長方體，通高五點八二米，由一完整巨石精雕成的石龜支撐，碑面上並排刻有十五豎行共三八三個蒙滿兩種文字。此碑是目前吉林省現存清代碑刻中規模巨大、雕刻精細、藝術處理較完美的古代石碑之一，也是清皇室與科爾沁蒙古部聯姻的歷史見證，具有很高的欣賞和考古價值。

松花江度假村

　　松花江度假村位於吉林省松原市扶餘市陶賴昭鎮境內，松花江北岸。距扶餘城區二十公里，距德惠市區四十公里，距長春市和哈爾濱市均為一二○公里左右。度假村占地面積六平方公里，植被原始，保護完整，有植物五十餘種、鳥類一百餘種、其他野生動物三十餘種。主要景點有荷花塘、魚塘、吊橋、沙丘、橡子山、百年神榆，並設有遊船、快艇、垂釣等的娛樂設施，是集綠色生態、度假健身、休閒觀光、會議接待於一體的旅遊度假村。

賽罕塔拉蒙古部落

　　賽罕塔拉蒙古部落位於吉林省松原市前郭爾羅斯蒙古族自治縣查乾花鎮境內，距查乾花鎮五公里，是融蒙古族餐飲、娛樂、休閒、觀光、度假為一體的旅遊景區。賽罕塔拉蒙古部落以得天獨厚的草原資源和蒙古族民風、民情、民俗為依託，充分保持蒙古原始部落的風格。有占地一萬畝的賽馬場，有建築面積一八〇〇平方米的大小各式蒙古包三十三座，可容納三百多人同時就餐、住

▲ 賽罕塔拉蒙古部落

宿。遊人在欣賞賽馬比賽之餘，可盡覽草原風光，體驗琴聲悠揚、踏歌而牧、騎馬射獵、載歌載舞的蒙古族生活，也可舉辦祭敖包、露天舞會，篝火、焰火晚會、蒙古族婚禮等豐富多彩的民族風情活動，並可親身參與賽馬、射箭、摔跤、投布魯、勒勒車、草地摩托車等表演和比賽，品嚐蒙古族的特色烤全羊、手把肉、奶茶、奶烙、炒米、蕎麵條、餄餎、蒙古族餡餅、貓耳朵湯、哈達餅、牛犢湯等蒙古族美食。遼闊的蒙古艾裡大草原、豪邁的蒙古族風情讓人流連忘返，暮不思歸。

查干淖爾賽馬場

前郭爾羅斯查干淖爾賽馬場建在查干湖畔的蒙古屯草原深處，距松原市區三十公里，交通便利，草原遼闊。旅遊區占地面積 445.5 公頃，整體設計突出民族特色，中間設五個殿堂式迎賓包，主包兩側為豪華宴會廳和歌舞娛樂廳，這裡是三百人宴會、娛樂以及購物、通訊、小憩、拍照的理想場所。迎賓包後三十米處是現代化賽馬場，八門賽馬起跑機，賽馬場占地 43000 平方米，跑道長一千米，寬二十米，兩側銲接鋼管圍欄的橢圓形賽馬場為廣大遊客提供了真正展現騎手威武粗獷風采的場所。旅遊區可為遊客開展豐富多彩、民族風情濃郁的活動項目，主要有馬隊迎賓、賽馬比賽，祭敖包、博克表演、牧戶作客、射箭、射弩、打布魯、套馬、篝火晚會、民俗表演等。

環島湖景區

環島湖景區位於松原市寧江區伯都鄉河西村，距松原市區十六公里，乘市內公交車可達。景區占地十萬平方米，建築面積一萬平方米。經過幾年的精心規劃、開發、建設，景區現已發展成具有相當規模的集餐飲、住宿、娛樂於一體的農家休閒樂園。景區內種植優良葡萄〇點五公頃，形成葡萄長廊，可在中間擺台設宴。養殖水面三萬平方米，果園五萬平方米，道路硬化，環境美化，空氣香化。環島湖的餐飲天然綠色，農家風味，獨具特色。住宿是準三星級檔次、農家享受，還有三棟別具一格的園林式小木屋，掩映在島上的果林之中，使住宿者充分感受在大自然中生活的無限樂趣。同時設置釣魚台、遊船、游泳

池、籃球場、健身房等娛樂設施，使遊人在運動中享受休閒。另外，還不定期舉辦篝火晚會。美麗而優雅的環島湖吸引著八方來客到此休閒娛樂。

龍鳳湖旅遊風景區

龍鳳湖旅遊風景區位於吉林省松原市長嶺縣境內，地處廣袤的科爾沁草原東部，距長嶺縣城十五公里，是集休閒旅遊和水產養殖為一體的綜合性景區，也是吉林省僅有的兩個水土保持基地之一。景區內有龍鳳山水庫一座，總庫容5740萬立方米，控制集水面積761平方公里，汛期水面面積14.2平方公里。集防洪、灌溉、水產品養殖於一身。水庫東側是龍鳳山，山上有茂密的叢林，高傲挺拔的白楊樹為遊人提供遊覽觀光的天然涼亭，龍鳳山的南側是省級示範檉柳基地，叢林中棲息著眾多野生動物，堪稱野生動物的樂園。春夏兩季候鳥成群，一片鳥語花香。雄偉壯觀的洩洪閘門由三孔閘門組成，站在洩洪閘工作平台上，可以一覽水庫風景區全貌，不遠處草原上的景觀更是令人心曠神怡，流連忘返。

松原大路

松原大路位於江南市區中心地段，縱貫整個江南城區，是松原標誌性道路。全長十公里，寬六十米，建於二〇〇四年。沿路修建了八處景觀帶，分為

▲ 龍鳳湖旅遊風景區

▲ 松原大路

歷史、現代、未來三部分。其中歷史部分主要以雕塑《母親河》、水幕和石壁上
的浮雕講述松原的歷史，用美人魚、頑童等物象寓指母親河養育著三江兒女。

奧林匹克廣場

　　奧林匹克廣場，位於江南松原大路與平安街交會處，建於二〇〇七年，占
地面積五萬平方米，是北京二〇〇八奧運會火炬傳遞松原站的啟動儀式現場。
公園內裝扮逼真的福娃花雕，氣勢磅礴的仿真水體，環形木磚道、旱式噴泉相
映相依，無處不體現著松原的時尚和品位，無處不傳遞著奧林匹克的文化信
息。為了體現奧運五環的五種顏色，公園採用了彩色水泥鋪設的三米寬道路。
石材鋪裝均精選厚度在五釐米以上材料，以厚度突出質感，體現奧林匹克底
蘊，這一點又與奧林匹克理念相吻合。公園內設立了目前全省最大的電子屏
幕。在綠化設計上，公園採用了株大形好的山野樹，包括蒙古櫟、山槐等十餘
種，樹齡高達三十年。公園綠化層次分明，綠色小品的設計亮點頻出，錯落有
致。用五色草裝扮而成的福娃花雕，每個身高二點五米，佇立在公園醒目的位

▲ 奧林匹克廣場

置。按功能需求，奧林匹克文化公園布局結構劃分為「一軸、六區」。「一軸」為中心軸廣場，中心廣場設計為下沉式廣場，是為市民提供自由交流、休閒娛樂的場所，同時也是奧林匹克文化公園的核心；「六區」分別為奧運體驗區、展示表演區、全民健身區、遊戲互動區、休閒服務區、贊助廣場區。奧運體驗區、全民健身區通過各類功能空間的設置，為市民活動提供優質的場地，滿足城市居民的運動需求；展示表演區設置傳媒流通中心和聚會演出舞台廣場，通過電子大屏幕向市民傳播奧運知識，同時設置可以滿足市級演出活動標準的大型觀演舞台；遊戲互動區將滿足不同年齡結構人群的遊戲、活動需求，是市民休閒、娛樂的公共場所；休閒服務區，讓市民在運動和交流之餘，盡享休閒、購物之便利。

行政廣場

　　行政廣場位於江南市區沿江東路與源江路交會處，與松原市委、市政府隔道相望。廣場始建於一九九八年五月，占地面積 51000 平方米，分為紀念廣

▲ 行政廣場

▲ 五色廣場

場、噴泉廣場、市民廣場、街心廣場四部分，是集休閒、娛樂、集會於一體的多功能、綜合性廣場。廣場通過抽象、富有內涵的雕塑，浪漫的疊水噴泉，相互照應的柱廊與燈柱等凝練的建築語言，展示了松原創新開放的發展態勢和奔向二十一世紀的勃勃生機。

五色廣場

　　五色廣場位於市區松花江大橋南端。始建於二〇〇二年，占地面積 12000 平方米。廣場中心大花壇上矗立著大型雕塑——五色松原。黑色圓形基座之上高高挺立著四個巨大的、抽象的三角形拱衛著一個碩大的銅色金屬球。四個三角形分別飾以藍、綠、黃、紅四色，加上底座的黑色，寓意「五色松原」。黑色象徵石油工業，黃色象徵糧食產業，藍色象徵奔流的江河，綠色象徵美麗的草原，紅色象徵松原人民創業的激情。又因廣場定名於二〇〇八年，奧運火炬在松原傳遞，五色又與五環緊密連繫。整座雕塑設計簡約大氣，為廣場增添了幾分時尚與運動氣息。

東鎮廣場

　　東鎮廣場位於松花江大橋北端，毗鄰兒童公園（原江濱公園）。廣場的名

▲ 東鎮廣場

稱源於孫中山先生在著名的《建國方略》中設想，在松嫩兩江交匯處建一座名
為「東鎮」的中樞城市，即今天的松原市。為了紀念孫中山先生當年命名之淵
源，紀念松原人民創業之艱辛，故將這座廣場命名為東鎮廣場。廣場西側建有
松原奧運火炬傳遞紀念雕塑，分別由滿族、蒙古族的標誌性體育運動器具「冰
嘎」和「布魯」組成，意在凸現松原古老的民族文化特色，將松原豐富的歷史
文化內涵與「更高、更快、更強」的奧林匹克精神相融合，激勵松原各族人民
奮發進取，把家鄉建設得更加美好。「冰嘎」高三點五米，採用不鏽鋼拉絲開
槽銲接技術，中間有軸，可轉動，是目前世界上最大的「冰嘎」；「布魯」高
六點二米，上面嵌有鈦金花紋。

伯都訥廣場

　　伯都訥廣場位於松原市江北市區東部，是江北城區最大的廣場，占地一點
八萬平方米。建有露天舞台、健身區、文化藝術長廊等九個娛樂區，水系部分
六百平方米，秧歌廣場二千平方米。廣場中間假山高四十五米，綠色通道三十

▲ 伯都訥廣場

米，文化長廊七十七米。伯都訥廣場是展示伯都訥文化，弘揚民族精神的重要載體，同時也是江北市民休閒娛樂、舉辦各類活動的中心廣場。廣場設計精美的雕塑，別具匠心的假山涼亭，水花飛揚的景觀噴泉，各展異彩的燈盞造型等，無不給人以美觀亮麗、和諧向上的感覺。

哈達山水利樞紐工程

　　哈達山位於松原市城區南二十公里處的松花江西岸，海拔一八五米，沿江綿延十餘公里，蒙古語稱之為「哈達山」（意為陡兀的山峰）。這裡是松原市著名的旅遊景區。哈達山的山體由風化的油母頁岩構成，峭壁陡立，岩壑優美，確如一條飄飛的哈達沿江蜿蜒起伏。哈達山下千百層整齊排列的青綠、赭紅岩石所組成的千層斷壁岩，就像一本厚厚的書卷，記載著滄桑的歲月，實在是罕見的大自然的傑作。千層斷壁岩的北側半山腰處有一岩洞，是傳說中的「仙人洞」，寬闊幽深。據當地老人講，早年曾經有人用數十丈的大繩子拴在腰上進入洞中，但因裡面寒氣逼人，未能走到盡頭，便退了回來，以後再沒人進去過。至建國前，這裡已經成為東北四大灌區之一。該工程是國家「十一五」期間重點水利樞紐工程，也是吉林省多年來最大的水利工程，更是吉林省增產百億斤商品糧能力建設總體規劃項目中的重點引水工程。

▲ 哈達山水利樞紐工程全景圖

松花江大橋

　　松花江大橋，原稱「前扶松花江大橋」，一九七一年經國家交通部批准修

▲ 松花江大橋

▲ 松原大橋

建，跨第二松花江連接原前郭、扶餘兩縣城。大橋全長一三八九米，橋面淨寬十二米，大橋兩端各有一對方形樓式橋頭堡。大橋的修建結束了南北兩岸乘船擺渡的歷史，一橋飛架，六合通衢，造福當代，蘊惠後世。前扶松花江大橋成為連接黑龍江、吉林兩省的重要交通樞紐。一九九二年，市委、市政府為了緩解橋上日益緊張的交通狀況，籌資改造西橋，興建東橋。建設者們夜以繼日地奮戰，創造了月成橋二百米的高速度，成為國內江橋建設史罕見之舉。新舊兩橋並列構成，總寬二十四米，引橋一三一〇米，大橋更名為松花江大橋。

松原大橋

二〇〇六年九月二十八日，松原大橋正式開工建設，二〇〇九年十二月竣工通車。大橋南端起於江南烏蘭大街與沿江東路交會處，北端終於江北文化路與中山大街交會處，距下游的松花江大橋三點五公里。松原大橋設計總長度四一七三米，主體長二一三二米，道路橋梁寬二七點五米。主橋跨徑及結構形式為南、北航道各設一座獨塔雙索面預應力混凝土斜拉橋。工程總造價為四點九億元，是松花江上最長的大橋，也是東北地區最長的公路大橋。

納仁汗公園

納仁汗公園位於城區江南松原大橋與松花江大橋之間的江灘地內，總占地

▲ 納仁汗公園

面積為四十八公頃。納仁汗公園從設計理念上主要是突出地域文化特色,通過布局、景觀小品、主題雕塑與歷史場景再現等多種形式,全方位體現蒙古族的歷史文化。分為文化活動區、休閒景觀區、健身休閒區。建成後不但改善了濱江灘地區域的生態環境,提升了濱水景觀的城市品位,填補了松原市江南市民親水、濱水休閒活動的空白,更為幸福松原建設創造了新的亮點。

巴爾達公園

　　巴爾達公園建設面積 9.84 公頃,位於城區江北濱江大道與松原大橋交會處,公園綠化面積 63407 平方米,硬化面積 35000 平方米,功能分區主要有運動健身區、歷史文化區、休閒娛樂區、兒童娛樂區。該公園是以巴爾達建立伯都訥新城為主線,用一些新城建立後的生活場景小品圍繞,充分表現了新城的經濟發展、百姓安居樂業、豐富的生活地域文化以及當時盛行的水路貿易等歷史景象。在植物配置上以 「四季皆有景」 為目標,是整個公園的另一特色。貫徹「以人為本,人與自然共存」的思想,以景觀生態學理論為指導,吸收各

▲ 巴爾達公園

▲ 馬頭琴公園

方環境景觀設計的先進理念，繼承當地傳統文化，充分發揮綠地對環境的改善作用，形成歷史文化公園的完整環境體系。

馬頭琴公園

　　馬頭琴公園位於松原市錦江大街與郭爾羅斯大路交會處，緊鄰石油大廈和油田高中，地處松原繁華地段，占地面積一點六五公頃，廣場主要包含一座高大馬頭琴主題雕塑。松原作為蒙古族人聚集區，有著悠久的歷史，馬頭琴是蒙古族人民最喜愛和最具代表性的樂器，蒙古族馬頭琴音樂經國務院批准列入第一批國家級非物質文化遺產名錄。該公園充分展現了松原市「馬頭琴之鄉」的風貌。

兒童公園

　　兒童公園始建於一九八六年，前身為江濱公園，是集休閒、娛樂、全民健身、動植物觀賞於一體的綜合性公園。二〇一二年更名為兒童公園，在綠化方面，增加了公園的樹木種類，提高了公園的綠化覆蓋率，增強了綠化的景觀效

▲ 兒童公園

果，為市民營造了綠樹成蔭健身娛樂場所。在硬件方面，改善了公園交通路徑的合理性和景觀性，功能上增加了綜合服務區和休閒活動區，使公園的分區更加合理，形成兒童娛樂區、水上遊樂區、綜合服務區、休閒活動區、動物觀賞區、健身運動區六個分區，為廣大市民提供更好的休閒、健身、娛樂的環境。兒童公園打造了美好的城市園林景觀及多彩的城市兒童遊憩空間，通過主題的塑造，創造一個讓兒童充滿童趣、夢幻的神祕樂園。

中山體育公園

　　中山體育公園始建於二〇〇四年，坐落在江南沿江路與烏蘭大街交會處，總占地面積三十八公頃。為了更好地服務於周邊市民，提供一個空氣清新、體育設施完善、環境優美的活動場所，二〇一四年對中山體育公園進行續建工程，新建七處運動健身區及二三〇〇米的園區運動功能環形甬路，甬路的鋪裝材質為混凝土透水石，既可以用於甬路，又符合相關健身跑道標準，為廣大市民晨練提供了更多的空間，一舉兩得。中山體育公園明確劃分了三大功能分區，即體育活動區、自然生態區和休閒健身區，實現了文化元素與體育元素的完美結合，為廣大市民提供一個集豐富的自然景觀、體育活動和生態健身為一體的主題公園。

▲ 中山體育公園

濱江公園

　　濱江公園背倚濱江大道，面臨美麗的松花江，建於二〇〇六年。帶狀公園

▲ 濱江公園

長五五〇延長米，占地面積為二萬平方米，設有沉船文化區、鰉魚化石圖、濊貊漁獵、百福牆、浮雕牆、大石龜、龍舟、藝術廊架、松濤亭等景觀小品二十餘個。整體設計以人為本，採用高科技，打造「水文化」，展示松原歷史滄桑變遷以及亮麗的古城風貌。

規劃展覽館

　　松原市規劃展覽館是宣傳松原的窗口、展示松原城鄉規劃建設成就和未來發展的基地、接待來賓的客廳、旅遊觀光的景點、招商引資的平台，是引領濱江新區開發建設的示範性工程。展覽館建築面積 13379 平方米。主體高 29.6

▲ 規劃展覽館

米。室內布展以記憶和希望為主線，向世人展示古老滄桑的記憶松原、大氣宏偉的輝煌松原和夢幻靈動的希望松原。內部設有臨時展廳和固定展廳二十六個。圓柱形外牆體上，大字鐫刻著六百多字的「松原賦」。

中國石油企業精神教育基地——扶 27 井

　　一九五九年九月六日，地質部松遼石油普查大隊二區隊五一三機台，在位

▲ 扶27井——吉林油田第一口出油井

於扶餘Ⅲ號構造雅達虹高點附近的扶 27 井開鑽，九月二十五日於泉頭組第四段地層鑽遇油砂，大隊黨委決定提前完井試油，完井深度 404.49 米。九月二十九日此井土法試油成功，獲得工業油流，由此發現扶餘油田。扶 27 井是吉林油田誕生的標誌井，它見證了吉林油田艱苦創業的歷史，成為弘揚吉林石油人創業精神的基地。

　　一九九一年，吉林油田建礦三十週年時，吉林省油田管理局在扶 27 井立

▲ 扶平一井——吉林油田第一口淺層水準井

▲ 扶平一井——吉林油田第一口淺層水準井

碑紀念，時任吉林油田黨委書記張立業為該井題字。二〇〇六年六月五日，中國石油天然氣集團公司將此井命名為「中國石油企業精神教育基地」，二〇〇六年九月，中國石油吉林油田公司在原址立碑重建。

吉林油田公司企業精神教育基地——扶平一井

　　扶平一井是吉林油田公司自行設計並組織施工的第一口淺層水平井，也是國內第一口淺層水平定向井，它創造了國內淺層水平井的新紀錄，標誌著吉林油田公司淺層水平井鑽井完井綜合配套技術已經達到了國內領先水平。二〇〇六年十月十日，代表公司科技進步新水平的扶平一井被吉林油田公司命名為「吉林油田公司企業精神教育基地」。

吉林油田企業精神教育基地——長深1井

　　長深1井是松遼盆地南部長嶺斷陷中部隆起帶哈爾金構造上探測深層的第一口探井，是松遼盆地南部深層天然氣重大發現井。該井位於吉林省松原市前郭縣查乾花鄉後佟嶺窩棚屯東南一點一千米，於二〇〇五年五月十日開鑽。二〇〇九年九月二十八日松原採氣廠長深1井被中油集團公司命名為「企業精神教育基地」。

　　噴高產，原油含水0.5％。英143井是英台採油廠百萬噸產能建設進程中具有戰略意義的探井。這口井的重大發現和這一區塊的成功開發，充分驗證了「勘探開發一體化」理論的科學性。

吉林油田歷史文化陳列廳

　　吉林油田歷史文化陳列廳建於紀念吉林油田建礦五十週年之際，二〇一〇年五月籌建，於二〇一一年一月建成並投入使用。二〇一二年被中國石油集團公司評為「企業精神教育基地」。展廳建在吉林油田公司機關辦公樓一樓，占地面積二五〇平方米。展廳共分為「風雨傳薪 創業永恆」「歷盡滄桑 鑄就輝煌」「親切關懷、前進動力」三個部分，集中反映吉林油田建礦五十年光輝歷程，

▲ 吉林油田歷史文化陳列廳

突出展現各個歷史時期的主要發展成果和有深遠影響的重大事件，展示發展沿革、英模典型、榮譽貢獻、領導關懷，是一座集歷史資料收集展示與企業精神宣傳教育於一體的歷史陳列館。

濱江嘉園

　　濱江嘉園是吉林油田為解決邊遠礦區子女就學等實際問題，改善邊遠礦區職工居住條件，對邊遠礦區員工實施的整體回遷工程，是吉林省內最大的住宅小區。濱江嘉園整體建築群地處風光秀麗的松原市松花江南岸，北接寧江灣，南依中山廣場，於二〇〇七年九月二十一日破土動工，居住區占地面積 131 萬平方米，建築面積 120 萬平方米，新建員工住宅 12000 戶。濱江嘉園居住區，突出人與自然的和諧，將整體建築與自然景觀融為一體，園區內社區服務中心、休閒娛樂設施齊備，與中山廣場和松原市體育館構成統一和諧的建築群落，是一個集居住、休閒、餐飲、醫療、商貿於一體的生態園林小區，與松原市沿江景觀帶交相輝映，成為松花江畔一道靚麗的風景線。

▲ 濱江嘉園

第五章——

文化產品

　　一方水土孕育一方文化，一方文化影響一方經濟社會的發展。松原深厚的文化底蘊與濃厚的文化氛圍，形成了以小說、戲劇影視文學、散文及詩歌創作為主的文學家群體，以書法、繪畫、工藝美術、攝影創作為載體的書畫家群體和以戲劇、曲藝、音樂、歌舞創作演出為主的演藝家群體。松原文化之花在陽光下競相綻放，一代代的文化藝術工作者和眾多的文學愛好者在松原文化的百花園裡辛勤地耕耘，令這片沃土花繁果碩。文化在傳承，歷史在延續。歷數松原文化過往，就是採擷多民族群體生活中凝聚而成的文化結晶。當我們回想起關於這座城市文化的精彩往事時，將會在松原各族人民生活裡發現已經變成文字和畫面的定格。新時期，松原文化產品不斷湧現，亮點不斷、精彩紛呈，我們翹首期盼松原傳統文化研究的深入，文學藝術創作的繁榮，戲劇影視作品的面世，文藝精品叢書的出版發行……

青色的天驕圖
——蘇赫巴魯與《成吉思汗》系列

　　在國內外眾多的成吉思汗傳記文學創作中，蘇赫巴魯的傳記小說居於十分特殊的地位。從這類題材的國內外發展看，現在流行於世界各國而影響較大的成吉思汗傳說，大都是外國人寫的。國內僅有韓儒林本，是學術研究類的；余元庵本、周慶基本過於簡略和史化。而蘇赫巴魯本則是國內蒙古族作家以漢字創作的作品。

　　在中國，蘇赫巴魯是蒙古人自己以漢文形式撰寫成吉思汗傳記小說的第一人，是用中國人的最新眼光，篤誠的心靈，民族的情感，唯物的思維來真實、客觀而又藝術地刻畫了中國人自己的成吉思汗。通過描繪一代天驕成吉思汗，全面地整理和撰寫了蒙古民族的壯麗發展史。

　　一九八四年，蘇赫巴魯創作了《成吉思汗的故事》。一九九二年初春，蘇赫巴魯以《成吉思汗的故事》《成吉思汗傳說》《成吉思汗傳》為三大基礎，撰寫《大漠神雕》。一九九三年七月，《大漠神雕》在蒙古國成吉思汗出生地——客魯倫河畔召開的首屆「世界蒙古文學作家大會」上榮獲大會設立的唯一特等獎——「成吉思汗獎牌」。二〇〇五年，蘇赫巴魯與女兒額魯特·珊丹

▲ 1993年，蘇赫巴魯獲世界遊牧文學大獎唯一特等獎「成吉思汗銀質獎牌」，也被稱作「成吉思汗虎頭權杖獎」

▲ 蘇赫巴魯《成吉思汗》系列著作封面

合作，完成《蒙古秘史・文學本》的譯著工作，並通過此書，完成了再次深入研究成吉思汗的夙願。在與成吉思汗有關的影視、戲劇創作方面，蘇赫巴魯也做出了突出的貢獻，並創作電影《成吉思汗》（與人合作）、歌劇《少年鐵木真》、話劇《少年鐵木真》、廣播劇《成吉思合罕》四種類型四部劇本。一九九六年，蘇赫巴魯以「中國成吉思汗系列第一人」的角色，與日本 NTV 電視台協作，完成專題文獻片《世界征服王傳說》拍攝工作。

蘇赫巴魯與《成吉思汗傳說》（上下卷）

長篇傳記小說《成吉思汗傳說》出版發行以來，在國內外、海內外都產生了重大影響。已經被許多研究者所評論。蘇聯的蒙古學專家雅斯剋夫斯卡婭、布利亞特學者薩沙等專門來函索要該書，台灣雲龍出版社決定重版再出並已付印，原出版社又一次決定再版印刷。以《成吉思汗傳說》為基礎，曾改編成電影、話劇、廣播劇……這在蒙古族作家的同類題材和體裁的創作中，算是一個奇蹟。

《成吉思汗傳說》（上下卷），借鑑大量的歷史資料、浩如煙海的史料和民間故事，通過由表及裡地發掘和去蕪存菁的提煉，真實而準確地塑造出一代天驕成吉思汗的形象。作者通過雄渾壯闊的歷史舞台，以油畫般的色彩，古歌的風格，刻畫了成吉思汗金戈鐵馬的政治生涯，形象地揭示出成吉思汗這位軍事家、政治家的思想、品質、才能和性格。《成吉思汗傳說》的文學成就是多方面的，其最主要的貢獻之一就是其「史詩性」的創作，是在廣闊的歷史背景

下，運用史料與豐富的民間傳說，成功地塑造了成吉思汗的英雄形象。

蘇赫巴魯與長篇歷史小說《大漠神雕》

《大漠神雕》全書以神話傳說中的「蒙古、漢民族起源」「化鐵出山」「感孕之光」「潔白的乳雨」開篇，進而經過喪父，「五箭訓子」的育化，一步一步把少年鐵木真推向動盪紛亂的部落間的爭鬥，進而在「星天旋轉，諸國爭戰」之中成為部落首領，成為民族菁英，成為蒙古部落首領，成為蒙古大汗國的締造者，成為「千年之最」的風雲人物。

《大漠神雕》先後出版發行多次，並被列入台灣好書金榜。台灣蒙古史學者、著名評論家張中復先生評論說：「出身內蒙古喀喇沁左旗的當代蒙古族作家蘇赫巴魯，透過對這位先人的描述，以類似《蒙古秘史》的優美的韻文筆調，再度讓我們看到了在黃沙白雪的淬煉下，草原游牧生活的質樸，以及蒙古民族堅毅慓悍的性格。」

蘇赫巴魯與電影《成吉思汗》

根據蘇赫巴魯《成吉思汗傳》原著改編的彩色遮幅式歷史巨片《成吉思汗》反映的是成吉思汗從艱難之中奮然崛起的史實和橫跨歐亞的征戰，千百年來，一直震撼著人們的心，也牽動著哲人智者們的目光。電影《成吉思汗》真實地反映了成吉思汗從一一六二年誕生到一二〇六年統一分散割據的蒙古諸部，並建立封建的蒙古大帝國的四十四年曲折經歷和英勇奮鬥。同時也生動地再現了十二世紀末十三世紀初蒙古社會歷史和風俗人情，使人們清晰地看到了成吉思汗的坎坷一生。

蘇赫巴魯與七場話劇《少年鐵木真》

《少年鐵木真》根據蘇赫巴魯專著《成吉思汗傳說》（上卷）有關章節改編而成。在六幕歌劇《少年鐵木真》（與鐘麟合作）基礎上改編完成的。一九八四年十月一日，由長春話劇院兒童劇團作為國慶三十五週年獻禮劇目在長春首場演出，之後共演出七十二場，觀眾數以萬計。在《少年鐵木真》中，蘇赫巴魯與鐘麟即以世界第一大帝國的締造者——鐵木真青少年時代的故事為源

流，舉九鼎於草原，踏萬波於春秋，把「收天管地安排河山，廣結英豪胸懷坦蕩，統一蒙古建奇功，一代天驕震八方」的戈壁神鷹，卓然推到風雲初起的舞台之上。

　　《少年鐵木真》，是歷史與藝術的有機結合，為我們濃墨重彩地呈現出了一個具有草原神韻、且具有民族風味的文化佳餚。

一曲愛國主義頌歌——傳記文學《蕭振瀛傳》

「蕭振瀛先生是國民黨著名將領，在抗日戰爭時期堅持抗日，愛國愛民，並與中國共產黨人真誠相處，友好合作」（李瑞環語）。蕭振瀛因參與華北政務和一戰區抗敵鬥爭及後期搞實業救國，對中國的抗日戰爭，有著重要的貢獻。一九八五年，松原地方史志工作者王昭全多方徵集、查閱資料，走訪知情人，終於理清了蕭振瀛將軍一生求學、經商、從政、治軍、興辦實業的大體脈絡。至二十世紀九〇年代初，一部較為全面地記述蕭振瀛長於東北、躍起隴中、理政西北、組軍中原、禦寇長城、折衝華北、投身抗日及辭職從事實業的傳略（約5千字）編撰完成，先後收入《白城地區志》《扶餘縣志》和《吉林省志》。其後，為使掌握的資料不致湮滅，王昭全又與張蘊先生合作，將傳略擴寫成為約六十萬字的文學傳記。一九九九年，以《蕭仙閣將軍傳》為題目，

▲ 長篇傳記文學《蕭振瀛傳》封面

在《松原日報》上聯載發表。為紀念中國抗日戰爭勝利，該傳記的原作於二〇〇四年被松原市黨史學會作為松原黨史研究課題，由中國國際文化出版社公開出版。

蕭振瀛，字仙閣，扶餘四馬架（今扶餘市三駿鄉政府駐地）人，曾任吉林省田賦局長、國會眾議院議員、包臨道尹兼五原縣長、國民革命軍第二集團軍第四路軍（後改為北路軍）軍法處長兼西安市長；中原大戰後，曾與宋哲元等組建第二十九軍，任軍代表兼中將總參議，曾參與指揮

二十九軍長城抗戰的喜峰口戰役；長城抗戰失利後，曾特任北平政務整理委員會委員，先後出任察哈爾省代主席、主席，華北危機時期，任冀察政務委員會常委、經濟委員會主席委員、天津市長；全國抗戰爆發後，任第一戰區上將總參議；一九四〇年夏，蕭振瀛辭去本兼各職，從事實業和社會公益事業，先後創辦打撈公司、大明灑精公司、大文書局、大同銀行等實業，任董事長。抗戰勝利後，遷回北平。一九四七年五月，因腦溢血病逝，時年五十七歲。

《蕭振瀛傳》（于鳳至先生為本書題寫書名）成書過程中，作者以史實為基礎，以傳主所處時代為大背景，以生平大事為縱線，以成長、鬥爭、生活為坐標，在歷史關係、政治關係、經濟關係、人際關係的縱橫交錯中，立體地凸現出傳主的思想與功勛、性格與歸宿，勾勒出蕭振瀛將軍起伏跌宕的風雨人生。

全書以愛國主義為主線，以將軍的行蹤和人生軌跡為提領，大開大闔，自如吞吐，順暢地排遞出蕭振瀛將軍少萌壯志，成年後從經商始，以實業終，中間從政、從軍的歷史場景，使愛國將領蕭振瀛的人格光輝和浩然正氣呈現在廣大讀者面前。《蕭振瀛傳》公開出版後，在國內外產生積極反響。

二〇〇八年九月，這部長篇文學傳記在松原市文藝作品評獎活動中，被評為「松原市第一屆查干湖文學獎」一等獎。

一部北方民族英雄讚歌
——歷史小說《一代鷹王》

　　在寧江區洪皓研究會開展的系列研究和相關文學創作活動取得纍纍碩果之時，一部由研究會會長王維憲先生創作的長篇歷史小說《一代鷹王——大金開國功臣完顏希尹》赫然問世。作為《洪皓傳》的姊妹篇，《一代鷹王》仍然採用章回小說的傳統寫法，用三十八回、共計三十三萬字的容量，再現了大金開國功臣完顏希尹「鷹神」降世、投軍反遼、助主興兵、寧江鏖戰，擁立太祖、智破遼東、說降余睹、助太宗滅遼亡宋、遇洪皓延為西席，以及創製女真字、助熙宗改制、最後受讒被殺的輝煌與暗淡交織的人生悲喜劇。

　　《一代鷹王》在再現希尹人生軌跡的創作中，以神話開篇，以演繹的寫法。這種由遠及近、從古至今、從分支到主體的層層遞進式的描述，給讀者產

生一種神祕、悠遠和生活厚重感。用作者自己的話說：「就是要給這個傳奇人物更增加一些傳奇色彩。」在故事的敘述中，還特別有意地夾雜描寫女真人的婚嫁、喪葬、祭祀、宴飲、娛樂等生活習俗，進一步增添了北方民族的生活氣息，暗示著女真人在中華民族這個大家庭中必將成長起來、融入共同發展繁榮的光明前途。

　　綜覽全書，這部《一代鷹王》完全可以視為一部新編的「遼金宋三國史演義」，值得一讀。

▲ 長篇歷史小説《一代鷹王》封面

郭爾羅斯草原的音樂詩劇
——《蒙古族婚禮歌》

《蒙古族婚禮歌》誕生於郭爾羅斯草原。這是中國迄今為止最完整的一部蒙古族婚禮套曲，演唱者是郭爾羅斯著名的「好日民道」（婚禮歌）職業歌手、著名的「賀勒莫沁」（祝詞家）寶音達賽。由特木爾巴根翻譯、蘇赫巴魯整理出七章，三十三首，共一六○○餘行。整部套曲對考證蒙古歷史，研究蒙古文學，瞭解草原民俗風情，都具有一定的參考價值。迄今，這部婚禮歌仍在郭爾羅斯草原上傳唱著，並以表演的形式，走入牧場，走入田間，走入千家萬戶。

《蒙古族婚禮歌》——

是一部完整的、有情節、有故事的套曲。

是一部惟美的、悠揚的、大型蒙古詩劇。

是一部框架宏闊的史話，意境高遠奔放。

是一部動態的蒙古畫卷，鮮活生動有趣。

這部蒙古詩劇，以其百草般的馥郁之美，奶酒般的濃烈之香，將蒙古文化渲染得淋漓盡致。

▲ 蒙古族婚禮歌表演場面——《勸嫁》《弓箭贊》《拜火成親》

它來自於草原的母腹。

其情，如悠悠之浪濤。

其愛，若綿綿之細雨。

它擁有強弩般的豪放之美，烈馬揚鬃一般的彪悍之美。它是世代相襲的蒙古情謠，詼諧、幽默、智慧、生動，篝火般的烘托著草原的深沉之美。它用音樂，撩開了蒙古世界神祕的天窗，使聽者不由自主的沉湎於情感的波峰浪谷之間。

這部蒙古族婚禮歌具有四大顯著特徵：

詩劇一般的構思軌跡。

宗教鼎盛時期的產物。

弓箭時代的一首讚歌。

哈薩爾大王后裔之光。

一九七九年，《蒙古族婚禮歌》，由內蒙古社會科學院文學研究所所長色道爾吉作序，中國民間文藝出版社出版。出版後，在內蒙古引起轟動。不久，《內蒙古日報》發表了《詩劇般的〈婚禮歌〉》（1979 年 12 月 23 日）。記者、詩人川之又在《內蒙古日報》開闢專欄，興奮、自豪地宣稱：「蒙古族長篇婚禮歌已經發現。」

一九八三年，《蒙古族婚禮歌》獲第二屆全國民間文學一等獎，影響甚遠。

《蒙古族婚禮歌》不僅是一部龐大的蒙古詩劇，也是一部百科全書。在種類龐雜的祝詞中，可以看到大量的遠古文化遺存。這些遺存，就像蒙古人最初的胎記那樣，仍然保持著那個時代的鮮明特徵。婚禮歌中所包含的服飾文化、飲食文化、佛教文化、薩滿文化、馬文化、弓箭文化、道德倫理、民俗風情、遠古傳說等內容，讓人們感覺到，在婚禮歌的傳承中，一代又一代的郭爾羅斯民間藝人，為蒙古民族保留了一份珍貴翔實的文化遺產。

地域文化研究的碩果
——《松原文化述略》等圖書

　　松原有草原水色，有田園風光，有民俗風情，有遼金遺跡，有歷史遺存。這種鮮明的地域文化特色，經過多年的融合、沉澱和發展，已經基本形成了以遼金文化為代表的松原歷史文化；以滿族、蒙古族民俗文化為代表的民族民俗文化；以濕地、草原為主要內容的生態文化；以吉林油田石油工業為代表的工業文化。這四種文化相互交融，並通過以滿族新城戲、蒙古族歌舞、東北二人轉為代表的演藝文化表現出來，構成了松原特有的城市文化符號，代表了城市文化內涵和城市品位。這在東北，乃至全國可以說都很少見。

　　近幾年來，松原文化研究會先後編纂出版了《松原文化系列叢書》五部，《松原蒙滿文化系列叢書》九部。這十四部專著從不同領域、不同角度對松原地域文化的歷史和現狀、松原少數民族的源流，以及民族劇種的產生和發展等研究活動和成果作了集中的展示。

▲ 《松原文化述略》封面

　　《松原文化述略》，松原文化系列叢書之一。《松原文化述略》公開出版後，反響很好，中國民間文藝家協會副主席、省民間文藝家協會主席、著名文化學者、民俗學專家曹保明先生曾做出這樣的評價：《松原文化述略》是我省目前九個地區中唯一一個以「文化述略」或「文化通覽」的方式推出的重要的地域文化之作。這是它的重要性，也是唯一性。

　　松原多元文化是多民族共同創造的，體現了松原文化的包容性、民族的和諧程度和開拓創業理念。《松原文化述略》正是基於深入挖

▲ 《松原蒙滿文化系列叢書》

掘歷史文化資源，為松原的城市文化建設、產業發展、人文精神塑造打下豐富
的文化基礎這種理念，全方位地展現了本地自有人類活動以來，特別是遼金以
來的一千多年中形成的契丹、女真（滿族）、蒙古族生產生活的文化習俗及其
演變的歷程。這種區域文化特色的把握和提出，就是從自然環境、歷史沿革、
社會生活中提煉出來的。

　　松原文化，作為我們賦予它的地域文化的命名，它將代表著這方沃土上人
們創造的文化形成及發展的全部內容。這部書，正是適應這種需要而編纂出版
的，這部書用自己的廣角式鏡頭，全面而簡潔地展現了松原地域文化的產生與
發展的全貌、成為松原地方歷史與現狀的「文化全書」和「城市名片」。鑒於
社會需求量，該書編成後，印數增加到一點二萬冊。

　　《松原文化歷史研究》是繼十四部系列叢書出版之後又一部研究松原地域
文化的專著。《松原文化歷史研究》是吉林省社會科學院與松原市委宣傳部共

同組織策劃，聘請省社科院專家學者研究撰寫的一部地域歷史文化學術著作。本書通過對松原歷史文化的全方位探討，充分展現了松原歷史文化「多民族文化聚合、多元文化類型並存、開放性與兼容性並舉、地域性與不平衡性同在」等明顯的歷史文化特徵。進而闡明了這些特徵決定了松原歷史文化在不同歷史時期的基本特徵與豐富內涵的歷史必然性。

《松原歷史文化研究》一書全面系統地闡述了松原地方歷史文化的形成與發展，對進一步弘揚松原地區特色歷史文化，打造松原地方特色文化品牌，拓展松原歷史文化研究的新領域、新局面，必將起到地方歷史文化研究發展里程碑的重要作用。

《查干湖畔的遼帝春捺缽》一書全面、深入、系統地探究松原文化淵源，解讀松原歷史真相，是一部飽含心血的力作。作者從遼金歷史與松原地域及松原文化的淵源入手，以清晰的脈絡、深刻的剖析和翔實的舉證，全面、客觀、具體地論證了遼金文化在松原歷史文化發展過程中所占據的重要意義，例舉了遼代九位帝王舉行春捺缽的地址、時間及與查干湖息息相關的政治事件，填補了「查干湖作為春捺缽駐蹕地」一說沒有翔實佐證的歷史空白，成為松原遼金文化研究工作的領軍之作。「捺缽」文化為松原文化注入了全新的內涵，已成為「松原文化」產生、形成、發展和傳承過程中不可或缺的、重要的組成部分，成為新一輪松原歷史文化研究的全新課題。《查干湖畔的遼帝春捺缽》一書標誌著松原「捺缽」文化研究的一個新的高度，為松原的歷史文化研究工作開闢了一條創新之路。

▲ 《查干湖畔的遼帝春捺缽》封面

探究台原古今的文化大觀
——伯都訥文化研究

　　伯都訥地方三面環江，台原沃土文明久遠。伯都訥地域文化的系統研究活動始自二〇〇四年。當年，由原寧江區人大常委會副主任、區文化旅遊開發領導小組副組長王維憲首倡，組織一部分志願者，分工承擔伯都訥地域文化各個領域的研究課題，然後負責編撰相關著述。二〇〇四年十月，一套系列叢書《伯都訥文化叢書》編撰完成。二〇〇八年一月，寧江區政府組織成立「伯都訥文化研究會」，王維憲任會長。研究會在以前地域文化研究活動取得成果的基礎上，展開了對伯都訥地域文化的系列研究，到二〇一一年底，研究會會員先後撰寫並發表各類研究文章四百餘篇。其中，專題研究文章二百餘篇，綜合研究文章四十餘篇，史料挖掘與整理一三〇餘篇，文藝評論及其他四十餘篇。從二〇一二年開始，研究會啟動「伯都訥文化研究大系」工程，計劃每年編輯出版一至二部專著。到二〇一四年上半年，已先後出版《伯都訥滿族文化概覽》《伯都訥文化研究文集》（上、下）、《伯都訥民間傳說故事集》等專著。

　　《伯都訥文化叢書》共分十冊，計約二百萬字：《伯都訥史話與傳說》（王

▲ 伯都訥文化研究大系之部分專著

維憲、王昭全）、《寧江洪皓研究》（王維憲、馬雲光）、《伯都訥文物古蹟》（王國學、鄭新城）、《伯都訥風俗民情》（王昭全）、《伯都訥教育體育衛生》（戈立齊）、《伯都訥文學精粹》（孫瑋）、《伯都訥文化藝術》（高振詮）、《新城戲與八角鼓》（徐達音）、《龍華寺與寧江旅遊》（鄭志）、《伯都訥與周邊文化》（蘇赫巴魯、白蕾）。

《伯都訥滿族文化概覽》，王維憲、王昭全、百強、王國學、王曉東編著，五十二萬字，全書共分為歷史文化、地理環境、信仰文化、民俗文化、語言文學、戲曲歌舞、書法美術、文物古蹟、名人選介等九章，由五位編著者分別承擔有關章節的編撰，王維憲、王昭全共同負責總纂定稿。

《伯都訥文化研究文集（上、下）》，主編王維憲，執行主編王昭全，六十三萬字，二〇一二年十月內部出版。書中收錄地域文化研究學術文章二二六篇，共分綜合研究一輯、研究人員個人專輯五輯和志願者研究專輯一輯等七個部分，所收錄的文章包括綜合考證、歷史探索，以及民族宗教、民風民俗、民間文學、語言文學、戲曲歌舞、書法繪畫、文物考古和旅遊文化、企業文化、農村文化、社區文化等各門類的專項研究，較為全面地反映了研究會成立五年來伯都訥地域文化研究的概貌。

草原歷史文化的昇華——郭爾羅斯文化研究

郭爾羅斯文化研究始於二十世紀九〇年代。當時，前郭縣史志工作者蘇博先生就整理並內部出版了地方史料《歷史上的蒙旗》（約 10 萬字）。進入二十一世紀以後，前郭縣先後又有《獵人與公主：郭爾羅斯傳說及相關研究》（王迅編著，18 萬字，2004 年 11 月由遼寧民族出版社出版）、《齊王府秘史》（蘇赫巴魯、董宗啟、王文忠編著，17 萬字，2006 年 4 月由中國國際文化版社出版）等成果推出。

為紀念前郭爾羅斯蒙古族自治縣成立五十週年，縣委、縣政府組織力量編撰《郭爾羅斯歷史文化叢書》，二〇〇六年四月，由中國國際文化出版社出版，主編蘇赫巴魯、董偉。全套叢書共分十冊，其中七冊為地域文化研究方面的專著。

《前郭爾羅斯簡史》，全書系統地記述了元代以前、元明時期的郭爾羅斯和清代、中華民國時期、東北淪陷時期和解放戰爭時期等各個歷史階段的郭爾羅斯前旗的經濟、政治、文化、教育、民俗、宗教情況的發展與變遷。填補了系統研究古今郭爾羅斯歷史的空白。

《郭爾羅斯考略》，該書對古郭爾羅斯國、元明時期的郭爾羅斯、嫩科爾沁東遷、烏巴什重建郭爾羅斯部等

▲ 《歷史上的郭前旗》封

▲ 《齊王史略》封面

都做了詳細的考證，對郭爾羅斯王公三百年、陶克陶胡起義、查干湖、庫里碑（即追封忠親王及忠親王賢妃碑）等也都進行了深入的考辨。在回顧前郭爾羅斯民主革命中，較為詳盡地向讀者介紹了東北光復後郭爾羅斯前旗各族人民在中國共產黨領導下，爭取解放而進行的艱苦鬥爭的光輝歷程。同時對民間風情進行考述，讓人們看到郭爾羅斯這一地域多元文化的發展和變遷。

▲ 《郭爾羅斯考略》封面

▲ 《獵人公主》封面

滿族傳統戲劇 —— 朱赤溫

　　朱赤溫，又稱朱春或烏春，是滿族傳統的民間藝術形式之一，它是在融匯了民歌、說唱文學、「倒喇」（歌舞、漁唱）和百戲散曲等多種表演藝術精華而形成的滿族民間戲曲劇種。朱赤溫，滿語譯音，含義為「戲」或邊唱邊舞之意，其中亦含有遊戲的意思。

　　關於朱赤溫的源流，據黑龍江省戲劇工作室隋兵在《滿族戲 ——「朱春」初探》中記載，有以下幾種說法：第一種說法認為，在金代就有了滿族戲 ——「朱春」的形式出現。它是在女真的「倒喇」「臻蓬蓬歌」「莽式舞」的基礎上發展起來的「朱春」。第二種說法認為，是努爾哈赤當了皇帝之後，在皇宮舉行慶功封賞活動，請來薩滿祭祀祖先和神靈，又請來民間的「朱春賽」到皇宮來演「朱春」坐唱，由娛神到娛人，後來逐漸演變發展成為滿族戲 ——「朱春」。第三種說法，認為「朱春」是在滿族說唱「德布達利」的基礎上，吸收滿族民歌「拉空吉」「莽式舞」和單鼓等藝術之長發展而成。這幾種源流說法，雖然是口頭傳說，但它可以作為進一步研究滿族戲源流的參考。

　　朱赤溫的表演形式，一般為二人轉或八人同台表演，也見有一人表演的。分小戲、大戲兩種，小戲包括「八角鼓戲」「倒喇」「坐腔戲」「下地戲」等形式；大戲人物角色多，在《清代宮廷百戲圖》中記載的朱赤溫《濟爾圖勃格達汗》一劇中的人物就有十多個，用滿語演唱的《穆桂英大破天門陣》等劇目中人物眾多。

　　至清代乾隆、嘉慶時期，已經具有生、旦、淨、末、丑等明確的角色、行當。生與旦多在劇中扮演主要的正面角色，淨與末大都扮演劇中的配角；丑是劇中活躍人物，它注重即興表演，有時運用台詞揭示劇中人物或演員本身的潛在意識，給人以生動活潑風趣滑稽之感，通過插科打諢的方式與劇中人物和在場觀眾互動，以此獲得幽默效果，使朱赤溫演出增添許多妙趣。

朱赤溫的舞台美術化妝和服裝也很講究藝術性，更注重民族特色。小戲分俊扮和丑扮。扮丑者抹花臉、頭戴高帽，帽頂尖上有的插一隻松鼠尾巴加以裝飾，有的在帽尖上繫有紅絨球或紅纓穗子。帽扇卷簷，穿長袍，穿烏拉卡。俊扮者，穿戴與丑角大體相同，但扮相要勇武英俊，服飾顏色美觀大方。另一種大戲，不論男女老少人物，都由男性演員扮演。在戲中女角多數都梳京頭，年歲大的老太太把頭髮盤在頭頂上，身穿寬袖長袍或加坎肩。衣襟、衣領、袖邊、開襟處都鑲有雲紋圖案加以裝飾和美化。男角一般多穿獵民服裝，穿狍皮和豹皮褂子、褲子上有皮套褲。裝神扮鬼或模仿獸類的表演，皆用假面具。

初期，朱赤溫的道白和演唱都用滿語，少數移植的漢族劇目用普通話演出，但都用滿洲曲調來演唱。在滿語向漢語過渡期間，有些唱詞中逐漸夾有某些漢語，致使唱述不夠通順，人稱「滿語加漢話，唱不上來就比畫」，實際是已經很受當地民眾喜愛、初具戲曲規模的滿族表演藝術。

朱赤溫的的音樂伴奏，也有自己的特點。不論演小戲或大戲，都用大四弦做主奏樂器。以鼓來掌握節奏。鼓，有大抓鼓、小抓鼓、八角鼓、堂鼓，還有吊鼓。演奏者多用繫有彩穗的鼓槌擊鼓。打擊樂器還有鑔、鈸和鑼等。根據每齣戲不同的情節加以伴奏。有條件的樂隊在笛、弦子、管、手鼓和板的基礎上，又增設了雲鑼、笙、琵琶等，使「朱春」的音樂表現力更為豐富多彩、生動優美。

朱赤溫的演出劇目保留下來的很少，如《祭神歌》《目蓮救母》《黑妃》《紅羅女》等。劇目所表現的內容有四個方面：一是祭神、祭祀祖先；二是反映滿族歷史上重大事件和戰爭中的傳奇人物，為他們歌功頌德；三是體現滿族的神話、傳說的故事題材；四是移植漢族的戲曲，以反映滿族歷史和愛情生活的作品為多。

朱赤溫藝人沒有職業班社，也沒有固定的演出場所，一般是在村屯、集鎮搭台演出。據王玫罡考證，朱赤溫在松遼地區分有三個支派（相當於今天的戲曲流派風格）。即：吐什吐支，流行於今黑龍江省肇州一帶，以演出民族、民

間故事見長；扶餘支，流行於今吉林省松原地區，以演出民族聖賢故事令人矚目；烏拉支，流行於今吉林省永吉縣一帶，主要演出歷史故事。吉林境內流行的曲目主要有《奧爾厚達喇》（滿語，意為歌唱人參王）、《笊籬姑姑》《三阿哥從軍》《排張郎》等十幾齣，清乾隆年間，烏喇支曾赴承德避暑山莊參加「萬壽節」慶典演出，由此，朱赤溫登上了大雅之堂。

伯都訥鄉土藝術的瑰寶——滿族新城戲

　　滿族新城戲，是全國三百多劇種的戲曲百花園中唯一的滿族戲劇種。作為少數民族戲曲劇種，新城戲已被列入《中國大百科全書戲曲曲藝卷》《中國戲曲年鑑》《中國戲曲曲藝辭典》之中。溥傑先生曾為新城戲親筆題字：「滿族戲劇、藝苑新花。」

　　滿族新城戲創建於一九五九年秋，以流傳於吉林省扶餘一帶的滿族曲藝「八角鼓」為基礎而創建並逐漸發展起來的。因為扶餘縣城曾是清代伯都訥新城，又是清末民初時期新城府治所，故而最初定名為「新城戲」。

　　一九五九年，根據周恩來總理關於繼承民族藝術遺產、發展地方戲曲的指示精神，扶餘的文化主管部門組織音樂工作者徐達音、趙少華等對「八角鼓」進行了搶救式的挖掘、整理工作。他們按照程殿選口授，記錄、整理了四十個曲目和二十七個曲牌。是年秋，組成「扶餘縣新劇種創編委員會」。在對瀕臨失傳的「八角鼓」演唱藝術進行卓有成效的挖掘和搶救工作的同時，對其進行了戲曲化的再創作，以當時僅有的二十七個「八角鼓」曲牌為基調，在曲牌聯套體的基礎上，創板式變化體，先創原板，後擴展派生出三眼、慢板等十幾種板式，使其初具戲劇雛形。

　　一九六〇年十月，成立扶餘縣新劇種新城戲實驗劇團。劇種創立後編演的第一台實驗劇目是古裝戲《箭帕緣》（趙少華、孫宏斌編劇，趙少華首次創腔）。《箭帕緣》首演成功，劇種被肯定。此後，新城戲先後創編和移植了《戰風沙》《望江亭》《春草闖堂》《江姐》等大小劇目二十多個，六年演出一四

▲《洪皓》劇照

▲ 《鐵血女真》劇照

〇〇餘場，觀眾達一八〇萬人次。

　　從現代京劇「樣板戲」移植來的新城戲《沙家濱》和重新改編的現代戲《戰風沙》，是新城戲使用管絃樂配器伴奏的初次嘗試，為豐富新城戲的音樂色彩與和聲效果奠定了基礎。另外在排練這兩台戲時，正值長影一些藝術家來到扶餘縣。這兩個劇目的作曲，均得到了長影著名作曲家姜巍的鼎力協助，使新城戲在唱腔改革的道路上邁出了可喜的步伐，有的唱腔如《祖國的好山河寸土不讓》《大雁北飛》等，都給觀眾留下了深刻的印象，頗受觀眾的歡迎。

　　二〇一三年，松原市滿族新城戲傳承保護中心被確定為全省「吉劇創作演出基地」和全國地方戲創作演出重點院團。該中心現已擁有一批經典的傳統劇目和滿族傳統舞蹈，如新城戲《箭帕緣》《戰風沙》《紅羅女》《鐵血女真》《通問使臣》《洪皓》等，民族舞蹈《薩滿舞》《祈太平》《腰鈴舞》《火神舞》《格格舞》《海東青舞》《神鼓與格格》《清風響鈴》《盛世王朝》等。這些傳統劇目和滿族傳統舞蹈具有濃郁的民族特色，其中一些劇目多次進京參加演出和進行國外文化交流，並多次榮獲國家最高藝術獎項。

滿族新城戲經典劇目——《鐵血女真》

　　滿族新城戲於二十世紀世紀六〇年代初形成於扶餘。扶餘是滿族先祖聖地，清代曾設新城府治，故劇種名曰「新城戲」。其聲腔是以流傳在扶餘縣民間的滿族說唱「八角鼓」曲牌音樂為基礎，並不斷吸收滿族民歌、太平鼓音樂和清宮舞樂逐漸發展而成。

▲　《鐵血女真》獲「五個一工程」入選作品獎

　　《鐵血女真》是原扶餘滿族新城戲劇團（現松原市滿族新城戲傳承保護中心）於一九九一年至一九九三年創作演出的大型歷史故事劇。

　　該劇奇情異彩，氣勢恢宏，融民族風格、地域風情與時代風采於一體。一九九二年七月，在文化部舉辦的全國「天下第一團」優秀劇目展演（北方片）

▲　《鐵血女真》獲文華大獎

▲ 《鐵血女真》參加「天下第一團」展演獲
優秀劇碼獎

中，《鐵血女真》力拔頭籌，獲得了組委會所設全部獎項及專為此劇所增設的舞蹈設計、服裝設計等共計十三項獎勵，被稱為「全能冠軍」，轟動了山東淄博市。同年九月，該劇應文化部和中央電視台之邀，晉京演出，受到首都觀眾和專家高度評價，被譽為「新時期以來最好的少數民族戲劇之一」。

一九九三年，《鐵血女真》先後榮獲文化部第三屆文華大獎、中宣部一九九二年精神文明建設「五個一工程」獎，主演劉海波獲得第十屆中國戲劇梅花獎。中央電視台、《人民日報》《光明日報》《文藝報》等十幾家媒體發表相關報導四十餘篇（件），《鐵血女真》震動了中國劇壇。

謳歌民族和諧共進的力作
—— 滿族新城戲《洪皓》

二〇〇八年，作為中國唯一的滿族戲劇表演團體，松原市滿族新城戲傳承保護中心根據當地專家學者對於歷史人物洪皓的研究，在該團大型歷史故事劇《通問使臣》的基礎上，排演推出了大型滿族新城戲《洪皓》。

洪皓（1088 年 - 1155 年），字光弼，宋朝江西洪源人（今樂平洪岩鎮）。

滿族新城戲《洪皓》反映的是洪皓奉命出使金國，被扣留冷山達十五年之久。被扣押期間，他面對威逼利誘寧折不屈，並把中原文化在當地進行傳播，在民族文化交流、融合上做出了很大貢獻。劇情從洪皓出使金國，渡河北上途中被金將無理擒拿而展開。金將龍虎大王南征戰死，他的夫人金哥欲用洪皓給亡夫祭靈，在生死關頭，洪皓大義凜然，慷慨陳詞，陳王完顏希尹敬重他的人品和才學，將其救下並千方百計逼迫他投降，失敗後將洪皓扣押在冷山。洪皓在冷山與當地百姓和睦相處，用樺樹皮寫出四書，傳播漢文化，深受百姓愛

▲ 《洪皓》劇照

▲ 《洪皓》獲金孔雀綜合大獎

▲ 第二屆中國少數民族戲劇會演金獎

▲ 洪皓獲「五個一工程」獎

戴，洪皓堅貞不屈的民族氣節，淵博的學識和慈悲心腸以及提倡各民族間和睦相處的主張，感動了龍虎大王的遺孀金哥並得到了金哥的愛情。最後，在危急關頭，在金哥和百姓的協助下得以南歸。金哥為掩護洪皓而失去生命。

該劇迄今為止已上演了百餘場，曾多次進京演出，中央電視台十一頻道兩次全劇情轉播了演出實況。二〇〇九年，榮獲中宣部第十一屆精神文明建設「五個一工程」獎。同年，榮獲中國少數民族戲劇學會「金孔雀」獎——綜合大獎。二〇一〇年，在第二屆中國少數民族戲劇會演中，榮獲金獎頭名。二〇一一年，榮獲吉林省長白山文藝獎作品獎。

展現地域風情的精品
──大型神話吉劇《大布蘇》

　　由松原市乾安縣吉劇團編創的大型神話吉劇《大布蘇》，取材於乾安縣大布蘇湖畔古老神奇的傳說。

　　相傳，挹婁國東安王元年五月初一日，一輛天車載著一塊巨石從天而降，落入靈草山麓（今乾安縣一帶）。國王認為是天降吉兆，封為鎮國之寶，並題碑文昭示萬方甲類保護，如有移動者格殺勿論。然而天車載石正落在了靈草山的五丈泉的泉眼上，給附近幾十個村子的百姓帶來了飲水困難，焦渴難耐。當頭頂龍角的九王子奉命為這個「鎮國之寶」立碑時，薩滿帶領百姓跪地，告之九王子頭頂龍角即為神鞭，能趕走天車，還百姓以救命泉水。王命不可違，人命更關天，九王子雖受幾番阻撓，但是心地善良、愛民如子的他，毅然決然地在花仙乾枝梅的幫助取下龍角，化為神鞭，趕走天車。九王子不僅失去龍角，違抗聖命，失去心愛的人，無法救出被打入冷宮的母親，且被貶為庶民，取名

▲ 大型神話吉劇《大布蘇》劇照之一

▲ 大型神話吉劇《大布蘇》劇照之二

為「大布蘇」。然而，十幾個村的百姓卻因為他的犧牲而獲得重生。

　　整部劇情節跌宕起伏，扣人心弦，以細膩優美的浪漫手法、渾厚悲壯的抒情筆調，刻畫出善良、正直而具有時代特色的九王子的人物性格，多層次地展示了強勁的民族精神和具有民族責任感的人性情懷，具有強烈的心靈震撼力，令人回味無窮。另外，別具特色的滿蒙先民的舞蹈，給人以耳目一新的視覺衝擊力和感染力，而吉劇曲牌的創新與四川清音等曲牌的設計與融合，構成了獨具關東特色的新型吉劇韻味，給人以聽覺上的享受。

　　《大布蘇》經過三年多的精心創作，初稿於二〇〇八年完成，並經過多次的修改和潤色，二〇〇九年十月，該劇進入排練階段。十二月，《大布蘇》（白莦戲）與觀眾見面，首場匯報演出，由乾安縣吉劇團、松原市滿族藝術劇院聯合演出。二〇一〇年，該劇摘得首屆全國戲劇文化獎的團體演出、編劇、編曲金獎等九項大獎。二〇一一年獲吉林省政府第十屆長白山文藝獎作品獎。

人民大會堂裡的關東畫派力作
——《林海朝暉》

　　《林海朝暉》，是一幅享譽全國的國畫作品，作者是曾任中國美協理事、吉林省美協主席、省藝術學院教授的已故松原籍著名畫家、美術教育家、關東畫派的創立者之一王慶淮先生。

　　《林海朝暉》的創作素材源於生活，源於自然。為創作這幅作品，作者於一九七二年隻身到長白山腳下的撫松縣露水河林業局的原始森林寫生兩個多月。作品藝術地再現了長白山林區的自然風光。《林海朝暉》的構圖，打破了中國山水畫傳統的「三遠法」（平遠、高遠、深遠）的經營位置，而是結合西畫的構圖特點，把畫面的層次分的更清，推的更遠，使整幅畫面視野寬闊，一望無垠，很有視覺的衝擊力，體現著極強的韻律感和節奏感。《林海朝暉》以深厚的中國畫筆墨修養及紮實的西畫造型功底相融合的創新手法，表現了作者對藝術創作技巧的深層次的追求。

▲ 王慶淮中國畫《林海朝暉》

▲ 王慶淮畫作

從《林海朝暉》的設色看，作品的基調是以「朝暉」為主色調。在畫面中無論是近景中的大面積松林，還是遠處的莽莽林海、皚皚雪峰，都是先用淡墨水染之，再以淡朱磦水加少許曙紅水反覆點染、罩染結合，達其效果。遠處的天空用極淡的汁蘭水烘染，彎彎溪流以極淺的花青水濕染而成。此作品設色很有考究，充分表現了林海晨曦的恢宏氣象，給人以生機盎然、蓬勃向上的感覺，作品透著強烈的時代氣息。作品不但在技法、設色等力求出新，就是畫面提款的書寫形式和年款也都緊隨時代的脈搏，不再是傳統的舊時自右向左的書寫格式。從微小的變化中，也體現著作者現實主義美學思想和創新意識。

《林海朝暉》創作完成，在全國展出後，引起美術界極大重視，多次以單幅形式公開出版，並繪製成巨幅懸掛在人民大會堂吉林廳內，還曾復繪多幅在中國駐外使館陳列。

伯都訥民間藝術的奇葩──滿族民間剪紙

　　滿族人的原始宗教信仰是薩滿教。薩滿教認為萬物皆有靈，不但對天地、宇宙的現象予以崇拜，就是對生活中有密切相關的一些動物、植物都可以為是神，同時認為祖先也是神。

　　在諸多神靈中，對嬤嬤神更為崇敬。因嬤嬤神管事特別多，有管子孫繁衍的，有管兒女結婚的，有管進山不迷路的，等等。所以，人們在剪「嬤嬤人」的遊戲時，剪的嬤嬤人都是正面站立，兩手下垂，五指張開，五官都是陰刻，鼻子為三角形，其服飾都是滿族裝束。有的也將嬤嬤人剪成前後兩片，可坐可立。頭部單剪，有個長脖子可以插到衣服裡，男人有條小辮可折到後面，剪技粗獷、樸實，極具民族風格。

　　滿族先人們生活在林海雪原中，狩獵、林木、動物都是他們創作的題材。滿族民間剪紙至今也有許多反映薩滿祭祀活動的，表現在滿族習俗生活的珍貴

▲ 李豔玲剪紙作品之一

▲ 李豔玲剪紙作品之二

藝術品和收藏品題材上，一般多選滿族人物，男人長辮，女人大頭翅子及長袍、馬褂等旗裝。很多作品中反映滿族生活習俗、信仰習俗、生產習俗、節令習俗、婚喪習俗、風物特產、傳說故事等場面，如《祭祖》《娶媳婦》《冬獵》《挖參》《關東三大怪》等。滿族剪紙在剪技上區別於漢民族的剪紙技巧，線條粗獷，動物身上多不「打毛」，黑白對比強烈，有的作品用香火燒出眼睛、花邊，燒孔四邊保留煙熏痕跡。人物和背景互不遮擋，不表現第三空間，不受藝術法則約束，形成拙樸的自然美。

　　中國剪紙研究會會員、扶餘市民間剪紙女藝術家孫美貴的剪紙作品曾多次獲獎，其中，《花鳥圖》獲吉林省首屆農民畫展三等獎，《三國人物》榮獲吉林省群眾美術作品展覽一等獎，《回娘家》《放豬》入選中國剪紙學會組織的「當代農民新剪紙聯展」，並獲一等獎；《群仙祝壽》獲松原市首屆文化藝術節民間藝術作品展一等獎。二〇〇六年四月，孫美貴參加了由中華伏羲文化研究會和中華伏羲文化研究會文藝創作專業委員會在人民大會堂舉辦的「首屆中國民間藝術高層論壇」，她的作品被日本、新加坡、加拿大、美國等國家和地區友人收藏。李豔玲的剪紙作品參加二〇一二年吉林省春聯、窗花、剪紙大賽，其中《掛錢》獲一等獎，《窗花》獲二等獎。

▲ 李豔玲剪紙作品之三

巧奪天工的伯都訥民間紮彩

域內的民間紮彩藝術，突出的是滿族民族特點，造型粗獷、設色豔麗、色相單一，粗獷大方中見工細，描繪粉彩中見神韻。紮彩所需的材料較為簡單自然。在紮製骨架（結構架）時分為大架子、中小架子，大骨架子多用竹劈子（大竹條）細鐵絲紮繫，中小架子用白蒿桿和細網線紮繫。糊裱骨架時多用二簾紙做底，上面是白紙。二簾紙多用亂麻、繩頭、葦漿綽製而成，纖維多，黏糊結實。裱糊乾後用原色（大五色）紅、黃、蘭、白、黑繪製，有時也用描金等手法。

民間紮彩基本分為喜慶娛樂品，風箏、玩具、祭品等類別。其中喜慶娛樂品主要有龍燈、獅子、竹馬等。龍燈分為九把桿、十二把桿、十五把桿等，桿距最短二點五米左右，總長約三十多米。民間紮製的風箏表現對象和種類分為，筒式風箏、串式風箏，軟翅風箏、硬翅風箏等。筒式風箏是風從裡面走，如風筒、水桶、飛機、大羅圈等。串式風箏最典型的是龍頭蜈蚣，長的有二十餘節，放起後在空中浮動，栩栩如生。軟翅風箏有蝴蝶、老鷹、燕子等；硬翅風箏的有和合二仙、劉海戲金蟾、送子觀音等，多是人物故事。

玩具類主要有魚燈、大頭人、搬不倒（不倒翁，有紮製的，也有翻泥模的）等。魚燈可以手提，也可以掛在屋內，分魚頭、魚身、魚尾三節，風吹可以自然擺動。

滿族紮彩製品很重視粉彩圖案的設色和裝飾，設色很有民族特點。如紮製的龍燈、龍頭蜈蚣、麒麟等動物身上的鱗片和頭部用色，基本是以青（藍）色為主，以青色逐色層變化，

▲ 百強伯都訥民間紮彩作品

▲ 百森作畫

由淺到深襯出鱗片的立體效果，再用濃墨勾線，墨深多處用金色勾描，整體的龍、麒麟等的基色皆為藍青色，寓意為「大清吉祥」。在人物風箏的設色中，也多為青色，並以清代服飾為主。如「和合二仙」穿的衣服多為青（藍），黑領，淺藍條子邊，腰繫淺藍腰帶，很有滿人服飾特點。風箏人物畫的開臉（畫眉眼）和衣冠特徵，也都是滿人形象和衣冠特徵。尤以放飛的蝴蝶風箏更有特點，風箏主體是黑色基調，從翅膀內向外層層烘染孔雀藍，飄在空中，栩栩如生。飄飛的蝴蝶有如深藍色的精靈在天空飄逸，很有神祕感。

已故伯都訥地方民間畫師百森擅長民間工藝品製作，技藝高超，尤其民間紮彩更是地方工藝美術一絕。他製作的龍燈、獅子、竹馬等，姿態各異，栩栩如生；紮製的風箏花樣繁多，並能在保持傳統風箏造型模式基礎上獨出心裁，刻意創新。二十世紀八〇年代，在縣裡舉辦的春節風箏賽會中，他紮製的長三十米、二十五節的「龍頭蜈蚣」獲特等獎，很受人民群眾的歡迎，龍頭蜈蚣風箏放飛錄像曾在地方電視裡多次播放。

化腐朽為神奇的易拉罐工藝

　　用易拉罐製作手工藝品，是近年來興起的一種工藝形式。易拉罐工藝品具有特殊的金屬光澤和質感，經過民間藝術家變廢為寶的神奇製作，每件藝術品都新穎、別緻，具有獨特的審美價值。

　　乾安縣的張連寶稱得上是一位了不起的能人。

　　張連寶製作的易拉罐鋁箔鑄作字畫化腐朽為神奇、化平庸為高雅，具有生動逼真、栩栩如生、呼之慾出的特點，且不褪色不生鏽，極適用於賓館、寫字樓、會議室等娛樂辦公場所以及家庭文化牆、電視牆等處作為裝飾，增添室內和諧典雅的文化品位。

　　製作易拉罐工藝畫不但要有美術功底、對藝術創作的熱愛，還要有不怕苦的精神和耐心。張連寶經過七八年的不懈努力終迎碩果。如今，他的鋁箔鑄作字畫已經形成規模，走向家庭、單位、辦公室等各類場所。二〇〇八年到二〇一一年間，他的作品經常在各種藝術作品評選展中獲獎，並被省內多家媒體報導。作品《梅蘭竹菊》《松鶴延年》《松鷹》獲得了省版權局專利證書。他的原創作品在各地不斷獲獎，走進了個人收藏所，也走出了國門，他的作品在美國、以色列、加拿大等國也有收藏。

▲ 張連寶易開罐作品

妙趣天成的查干湖魚皮畫

一張張鰉魚皮、一塊塊鯉魚皮，經過民間藝術家的設計、刀刻，變成了一幅幅美麗動人的圖騰畫、栩栩如生的人物畫、風光旖旎的山水畫。

《查干湖冬捕》《冰湖騰魚》《連年有餘》等每一幅魚皮畫作品都十分精緻，展示了查干湖的特殊魅力，讓更多的人瞭解查干湖。

查干湖魚皮畫是選用查干湖魚皮製作而成的。近年來，查干湖魚皮畫逐漸成為查干湖特色的工藝品，受到越來越多人關注。

製作魚皮畫首先用木刀反覆刮使魚皮柔軟，再去腥，最後釘在木框上風乾，然後用於製作魚皮畫。作畫時，先在紙上設計畫稿，根據畫稿用硬紙板製模，然後按圖形分解裁剪下來，根據需要選擇不同顏色的魚皮，最後將剪好的魚皮膠貼到畫板上，一幅魚皮畫才算完工。

▲ 查幹湖魚皮畫作品之一

魚皮畫有一種自然美，具有天然的魚鱗花紋，凹凸不平，又渾然天成，其風格古樸、粗獷，而且有立體感，是其他美術材料不可取代的。魚皮畫收藏幾十年都不會變質。

經過不斷推介，魚皮畫在二〇一三年吉林省旅遊商品大賽中獲得了銀獎。另外，在查干湖冬捕期間，各大電視台爭相採訪魚皮畫、魚骨畫製作流程，進一步提升了特色旅遊紀念品的知名度和影響力。

▲ 查幹湖魚皮畫作品之一

第六章——

文化風俗

　　千百年來，在松原這塊土地上孕育了漢蒙滿融合的民俗風情和傳統文化，這也是中國文化寶庫中的一朵奇葩。以生態文化為主幹文化和淵源的松原民俗的符號，蘊藏、融匯於民俗藝術、民間技藝、傳統節日文化以及民間信仰等民俗事象與活動之中。繼而構成絢麗多彩、鄉土氣息濃厚的民俗文化集成，是歷史賜予的十分珍貴的非物質文化遺產資源。松原地方的民俗文化，是由最具地方民族特色的滿族、蒙古族民風民俗為代表的節日文化、信仰文化、禮儀文化、衣食文化、民間體育遊藝文化和民間文學、民間曲藝集中體現出來的。蒙古族說唱藝術烏力格爾、好來寶及扶餘八角鼓等民間藝術形式最能展現松原民眾特有的精神風貌，其本身也承載著極為豐富的地域文化因子。這些具有普遍性、傳承性和多樣性的民族風俗文化，成為松原文化中重要的民族和地域特徵。伴隨經濟全球化，松原人原汁原味的民俗文化展現著獨特的文化魅力。傳統的服飾、民居、飲食、戲劇、歌舞仍保持著民族的個性特徵。這些土生土長於松原民眾生活中的風俗，不僅包容著松原特有的地理、氣候、歷史、政治、經濟、文化因子，也與松原民眾的審美取向和價值理念等緊密相通，因此群眾參與性非常普遍。

信仰文化

包括民族圖騰、自然崇拜等內容。

民族圖騰和自然崇拜

圖騰崇拜約發生於氏族公社時期。女真族盛行設竿祭神鵲，實際上是一種鳥的圖騰。蒼狼白鹿的神話傳說，反映了蒙古先民的一種圖騰觀念。除此而外，蒙古族的圖騰崇拜還有熊、牛、天鵝、鷹、樹木等圖騰神話，既反映了蒙古族圖騰神話獨具風采的民族特點，又與北方各民族、特別是阿爾泰語系各民族神話有許多共同點。發源於古鮮卑族的錫伯族的圖騰崇拜，是鮮卑瑞獸。

女真人尊天拜日，金代女真統治者封長白山、松花江為神，祭長白山和松花江，禮用三獻。蒙古族崇拜的大神便是天，把「天」稱為「騰格里」（漢語意為長生天）。蒙古族對自然物的崇拜習俗，也表現在對日月、星辰、風雷、雨雪、水、火等自然物的崇拜上。

薩滿教祭祀

流行於中國北方阿爾泰語系各民族，松原各族最早信仰薩滿教應從渤海國開始。契丹族與北方其他游牧民族一樣，早期信奉的也是原始的薩滿教。有從事神事活動的薩滿。女真完顏部信仰薩滿教鮮明的特色，《金史》將它稱之為「國俗」。蒙古族與其他北方民族一樣開始時也信奉薩滿教。早期的蒙古族信仰多神的薩滿教，行博音樂的詞、曲，對蒙古族民歌、好來寶、烏力格爾都產生了深遠影響。各族薩滿教祭祀活動中，薩滿和參與祭祀的人們所做的舞蹈動作，後漸漸大體固定了模式，終於發展成為反映特定內容的歌舞，如薩滿舞、查瑪舞等。

滿族傳統祭江活動

滿族人傳統的祭祀松花江活動，源於祖先對自然的崇拜，始於金朝。大定

二十五年（1185 年），金世宗加封松花江神為「興國應聖公」。從此，女真—滿族的祭祀松花江活動作為該族的民俗被固定和延續下來。近代以來，朝廷腐敗，戰亂頻繁，傳統的祭江活動日漸荒疏，終至廢止。二〇〇八年端午節，寧江區舉辦了首屆「伯都訥端午文化節」，並在文化節上按照滿族風俗，重新舉行了傳統的祭江活動。

查干湖祭祀——祭湖・醒網

　　查干湖冬季鑿冰捕魚前都要舉行「祭湖・醒網」祭祀儀式。「祭湖」和「醒網」同時進行，是蒙古文化和契丹、女真文化的融合。這種保留著蒙古人和契丹、女真人古老宗教色彩、並有藏傳佛教活動參與的「祭湖・醒網」祭祀儀式，在不斷的完善中，被郭爾羅斯蒙古人長期保留了下來。原始的查干湖祭祀，在郭爾羅斯人的虔誠的傳承中，從遠古走到今天。

▲ 查干湖「祭湖・醒網」儀式

歲時節祭祀

舊時的歲時節祭祀，主要是祭聖、祭神活動。祭聖，指舊時學界春秋丁日祭孔、軍警界祭關岳，以及小年祭灶、除夕祭祖敬神、清明掃墓、「鬼節」（農曆七月十五）放河燈超度亡靈、「寒衣節」（農曆十月初一）燒包袱祭奠亡靈等。

蒙古族祭天、祭火、祭敖包

陰曆正月初八的晚上，蒙古族人都要舉行祭天活動。農曆十二月二十三日過「小年」時，蒙古族人都要舉行祭火儀式，送「火神爺」上天。祭敖包是蒙古族人的一項重大宗教活動，一般選擇在水草旺盛的六七月份，祭祀結束後，一般還要舉行盛大的摔跤、賽馬、射箭等「男兒三藝」活動。

女真—滿族立索倫桿祭祖迎神

滿族在除夕這天，在院子裡豎起一根五米左右的索倫桿（神竿），桿頂上放一淺方形的錫升，升下拴一條木頭布尾的龍，也有的放上一條木製的魚或鬆枝、小三角形紅旗等。升裡盛些豬的五臟供烏鴉、喜鵲去吃。除夕夜點燃索倫桿上和房簷下的燈籠，以示紅燈高照、大吉大利。

錫伯族祭祖——供奉喜利媽媽、海爾堪

域內錫伯族人春節祭祖時，要供奉「喜利媽媽」（錫伯族傳說中的女祖先），後代供奉的喜利媽媽只是她當年用以戰勝妖魔的神索的象徵，即一條繩索。每個家庭均有這樣一條繩，上面拴繫豬膝骨（「嘎拉哈」）示輩分，拴結小弓箭示男子數，拴結布條示女子數，另外還拴有其他吉祥物件。每年除夕這天取出，祭拜後，在室內西北（起點）、東南（終點）方向拴掛，二月二日收起。一般民戶收藏於西屋的西北牆角上方。海爾堪，錫伯族的男祖先，稱「海爾堪瑪法」，被供在西屋外的西牆上的祖宗匣子內。

節日文化

在松原地方的節日節令文化中，既有各民族共有的傳統節日節令文化，也有每個少數民族自己的有松原地方特點的傳統節日文化。這些節日節令文化以其濃厚的歷史文化積澱，組成了松原節日文化的斑斕色彩。

蒙古族傳統節日

查干薩日（春節）

域內聚居地的蒙古人於大年三十這天，各家的佛案上都要擺放供品，以肉食和果品為主。庭院豎立旗杆，上懸彩旗。各家門上放置稍加雕琢的冰塊，以冰之光潔、火之明亮迎接神祇的降臨。臨近午夜，在自家門前東南方點燃篝

▲ 查干薩日（春節）

火，叩拜天地，迎接神靈。午夜時分回到室內團坐吃年夜飯，主食也是餃子，還要有烤羊肉等。外出未歸的家庭成員，也要擺一副碗筷，留一份酒飯。飯後稍憩，由家長代表全家出去拜年。春節期間，青年男女多三五成群，騎馬出遊，攜帶哈達、酒果和鼻煙壺，到附近村屯去給長輩親友拜年，受拜者都要給予祝願。

五月節（五月初五，亦稱獵日）

舊時，域內蒙古族人多於是日外出打獵為戲，稱為獵日。傳說，成吉思汗病故前，曾因打獵受傷，是在五月初五日，故稱是日為獵日。

跳鬼節（九月初九）

農曆九月九日。舊時，域內蒙古族人於是日請喇嘛唸經，跳鬼。此習解放後即已絕跡，在松原地方已成為歷史陳跡而漸被族人遺忘。

小年（臘月廿三）

小年。農曆臘月廿三，域內的蒙古族家庭均於是晚於庭院中舉行祭火儀式，送火神上天。祭火儀式後，全家共進小年晚宴，飲酒吃肉，載歌載舞，大多都要通宵達旦。解放後此習漸弛，後僅保留是日晚飲宴之習。

滿族傳統節日

居於本地的滿族人的節日時令多與漢同，只是初時曾保留著稍微獨特的節日活動內容和一些不同於漢族的習俗。

「走百病」與「照賊」節（正月十六）

「走百病」和「照賊」是滿族人的節日，時間在正月十六日。滿族婦女於日暮結伴至空地，或至鄰家小坐而回，名曰「走百病」。至近代，與滿洲族雜居的漢族男女老幼也都吸納了此種風俗，並將此俗移至十五日，同元宵節同慶。滿洲族人正月十六日還有「照賊」之節俗。正月十六日夜，滿洲族家家燃起燈火，主人提著燈籠照遍屋內各陰暗角落及庭院僻靜之處，名曰「照賊」。此後亦傳入漢族，而且也都移至元宵節入夜時進行。

豐收祭祖節（七月十五至八月初之間某日）

此節一般無具體日期，約在農曆七月十五至八月初之間，即糜子收割之後。此時，滿洲族人家都要蒸蘇子葉黏餑餑供奉祖先，燒「達子香」，感謝祖先保佑豐收。

頒金節（族稱命名日，十月十三）

頒金節是滿族「族慶」之日。明崇禎八年（1635 年）農曆十月十三，皇太極廢除女真舊稱，將族名定為滿洲。從此，滿族人為紀念這一天將其作為本民族的重大節日進行隆重慶祝。

錫伯族傳統節日

抹黑節（正月十六）

錫伯族人認為，正月十五日新年結束，為了避免在新的一年裡莊稼出現「黑穗病」減產，人們便以抹黑的形式代莊稼受病，向天神祈禱。抹黑的儀式一般在正月十六日出之前，青年男人用鍋底灰向稱呼嫂子的婦女和年輕媳婦臉上摸黑，有的老人也為孩子抹額頭。

思親節（四月十八）

又稱「懷親節」，也稱「西遷節」，為紀念清代乾隆年間錫伯族西遷新疆伊犁戍邊。每年是日在錫伯族村屯寺廟供灶，殺豬，吃高粱米飯聚餐，緬懷離別之骨肉同胞。

朝鮮族傳統節日

境內的朝鮮族人節日習俗多與漢族相同，特殊的民族傳統節日主要有寒食節等。

五穀節（正月十五）

農曆正月十五，也叫「烏祭之日」。節日活動有做「賣暑」（一種祈福儀式）。是日飲酒名為「咬癰子」，族人以為可以免生癰瘡。主食要吃五穀飯（江米、大米、黃米、高粱米、小豆合煮）。酒飯後歌舞伴之。

寒食節（三月十六）

　　農曆三月十六，域內朝鮮族人於是日祭祖、掃墓，活動內容與漢族之清明節大體相同，但不燒紙，只焚香禮拜，填土圓墳。

端午節

　　活動多同漢俗。聚居地的朝鮮族人習慣於是日著節日民族服裝，舉行盪鞦韆、跳彈跳板、摔跤、踢足球等體育競賽活動，並舉行酒宴，伴以歌舞，多通宵達旦。

秋夕節（嘉俳節，八月十五）

　　是日，朝鮮族人為感謝祖靈保佑，為慶賀豐收，殺豬宰牛，隆重慶祝。各家各戶都要用剛剛收穫的新穀做打糕和鬆餅，用以掃墓祭祖。還要開展多種傳統的民間遊戲活動，舉行村屯之間的民族體育競賽。這種慶祝活動一般要堅持數日才結束。

▍民間禮儀

　　松原地方的民間禮儀文化，是松原民俗文化中的重要內容，主要包括各民族的婚嫁、壽誕禮儀及日常禮儀。在日常禮儀文化中，既包含以交往禮儀、敬獻禮儀為主要內容的日常生活禮儀，也包括各民族的道德理念、民俗崇尚，以及民俗禁忌等。

婚嫁禮儀

　　滿族婚嫁域內滿族人婚嫁禮儀亦甚為隆重，族人稱男子成婚為「小登科」，婚嫁過程大體有議親、換盅、擇吉、裁衣、過禮、亮轎、拜天地、設婚宴、鬧洞房、認親、回門等程序和步驟。舊時向有重門第輕彩禮之風尚。婚禮正日之前一天為「送嫁妝日」，女方家請人把嫁妝抬男家新房內，稱「亮嫁妝」，或「安櫃箱」；男家亦須是日在院內搭建「帳房」備用。婚禮日，男家備彩轎、鼓樂迎親。拜天地時間須在日出之前舉行。婚後第三日，新郎陪新娘回娘家，娘家備酒席款待，午前返回夫家。婚後十天內，新娘要到祠堂或祖墳叩拜，俗稱「上喜墳」。婚後滿一個月，新娘回娘家住數日，返回後整個婚嫁儀式結束。二十世紀五六十年代以後，滿族人婚嫁儀式漸從簡，或大體同漢俗。

蒙古族婚嫁

　　清時，域內蒙古族人婚姻形式頗多。一般的婚姻，仍以「父母之命、媒妁之言」為締婚的社會準則，但為保護血緣純正，一般不在同一部落中嫁女。其婚禮過程大體與漢族相同，包括相看、求婚、合婚、放哈達（訂婚）、納彩（過禮）、婚儀等禮節。蒙古族婚禮隆重而熱鬧，多在男方家舉行（招贅者除外）。正日絕早，迎親隊伍出發，至女家後，行嘗全羊、唱禮歌之儀式，然後新娘換新裝。待晨曦微露時，迎親隊伍偕新娘及女家客人登程返回新郎家，喇嘛開始誦經祈福。隊伍行至路途正中（兩家距離相等處）時停駐，舉行告天儀

式。新娘迎到後，新人合拿著羊脛骨（在蒙古族，羊脛骨是婚姻的象徵）拜天地，拜祖宗，再行拜火禮。之後拜見公婆及親朋好友，行叩首禮。婚禮中每項儀式都有固定的歌曲，或互相祝頌，或對歌，自始至終都在歌聲中進行。由於這些歌曲數量多、難度大、專業性強，一般要聘有名望的歌手來演唱。婚禮結束後，舉行婚宴，來賓載歌載舞，通宵達旦。解放以後，其俗漸多近漢族，僅保留拜天地祖宗、拜火神、拜父母以及唱婚禮歌和同輩間嬉戲至夜的習慣。

錫伯族婚嫁

域內錫伯族人數較少，婚嫁禮儀大體與蒙、滿等族相近，近幾十年亦多同漢俗。依舊例，錫伯族內通行同姓不通婚的原則，但表親間無限制。締婚過程一般包括提親、許親、定親、訂配、成親等煩瑣禮節。婚禮一般分三天舉行。第一天稱為送喜車；第二天女家舉行嫁女盛宴，並將嫁妝送至男方家；第三天，喜車載新娘在破曉前到男方家，然後舉行拜天地儀式。婚後第三天，新婚夫婦上墳祭祖。第九天，新郎陪新娘回娘家探親。

朝鮮族婚嫁

域內朝鮮族人聯姻，一般亦須由媒人介紹。訂婚日，男方請酒，邊飲邊歌邊舞。婚禮前亦有「過禮」之習，女方陪送全套家具。婚禮日迎親，女方家小宴，招待新郎及伴者。宴後，新人拜別父母去夫家。簡單儀式後大宴賓客，載歌載舞，多至深夜方罷。次日清晨，新娘拜見公婆、兄嫂。第三日「回門」，次日還。

回族婚嫁

域內回族人的婚嫁，均按宗教儀式舉行。

壽誕禮儀

生日飲食

域內各族人一般五十或六十歲以上逢整壽都有不同程度的喜慶活動，謂之過生日。漢族人一般以家庭聚餐為主，主食多為麵條、餃子。兒孫、至親等送

壽麵、壽桃。文士之家多送壽聯、壽幛。士紳官宦人家則舉辦宴席。二十世紀
七八十年代以後，各民族生日禮儀漸趨一致，家庭成員過生日一般都以生日蛋
糕代替傳統壽桃壽麵，分切蛋糕時唱「生日快樂歌」，長輩慶壽一般也不再行
叩首禮，參加喜宴的獨居子女、親友隨壽禮（多為現金）。

特殊年齡的生日，六十六歲誕辰

　　舊俗在父母六十六歲生日時，已出嫁的女兒要買肉（6.6 斤或 6.6 兩，亦
有不拘數量者）回娘家祝壽。一般壽宴開始之前，兒孫們依序行叩首禮，宴席
上依序為壽星敬酒祝福。

滿族長者壽宴

　　清朝時期，域內滿族人家為長者舉辦壽宴很講排場，因家主顯貴程度而規
模有別，宴中要「獻牲」、跳「空齊」（也叫「莽式空齊」，詳見後文記述），
且多食火鍋。清亡後，受漢習影響，「獻牲」、跳「空齊」等習漸廢，但多數
保留吃火鍋之習。

蒙古族為老人祝壽

　　蒙古族人習慣上青壯年不過生日，只為老年人祝壽，過本命年和六十、七
十、八十、九十、百歲等整壽。壽誕氣氛熱烈而莊嚴，宴席豐富而隆重。兒孫
們按輩分依次敬獻藍色「朗翠」大哈達，並行叩首禮，向壽星獻「德吉」（第
一口酒和第一口菜），同時獻祝詞。壽星一一答詞後禮畢。酒過三巡，青年離
席跳「盅碗舞」「筷子舞」，唱蒙古民歌，不斷把宴席推向高潮。在偏遠草原
地方，也有的在酒後舉行摔跤、射箭、賽馬等「男兒三藝」，並舉行篝火晚
會。

民間文學

　　作為人類最早的文學形式，產生於上古時期流傳在人們口頭的民間文學，包括上古神話、歌謠、英雄史詩、敘事長詩、傳說故事等形式。松原地方是滿蒙文化的發源地，這裡也流傳著滿族及其先世上古時代的古老神話、傳說，傳唱著蒼莽而樸直的蒙古族英雄史詩、敘事長詩及直抒胸臆的古樸歌謠。

英雄史詩

▲ 英雄史詩

　　英雄史詩產生在奴隸社會，明代是它的定型期。在松原最具有代表性的是前郭爾羅斯蒐集並已經出版的英雄史詩《阿勇干・散迪爾》（白・色日布扎木薩說唱、哈斯朝魯翻譯、蘇赫巴魯整理）及其譯文本《迅雷・森德爾》。蒙古族英雄史詩，民間俗稱「鎮服蟒古斯的故事」或「平魔傳」，由職業的「朝爾沁」（操馬頭琴演唱的藝人）或「胡爾沁」（操四絃琴演唱的藝人）演唱。前者稱「朝爾沁派」，後者稱「胡爾沁派」。

民歌

　　民歌的出現，早於文學創作。松原地方的古代民歌最具有代表性的是蒙古族民歌。這些民歌多由民間藝人創作，又經過流傳和打磨，逐漸模塑成民間文藝中的一顆璀璨明珠。民間的職業藝人有「達古沁」（民間歌手）、「胡爾沁」（說書藝人）、「賀樂莫日沁」（祝詞家），均是由群眾授予的公認尊號。郭爾羅斯雖居於科爾沁草原的一隅，在二十世紀的前期曾是內蒙古東部地區的文化中心，出現了眾多的民間藝人和優秀的蒙古族民歌。按其題材，歸納起來可分成正歌和副歌；按曲調分類，可分為長調與短調；按內容分類，可分為婚禮歌、讚歌、教誨歌、宴歌、情歌、思念歌、兒歌、祭祀歌、博道（蒙古薩滿教

歌）、安代道（安代歌）等。

民間敘事詩

松原民間文學中的民間敘事
詩，主要是蒙古族民間敘事詩，
是以記敘人物事件為主的詩體，
以唱為主，補以念白，以民歌的
格調為基礎，具有抒情民歌韻律
整齊的特徵，四行一節，重疊復

▲ 蒙古族民歌

沓，富有濃郁的抒情色彩。由特木爾巴根演唱並翻譯、蘇赫巴魯整理的《達那
巴拉》，是郭爾羅斯蒙古族民間敘事詩中的代表，已由香港金陵書局出版公司
出版，傳播海內外。

民間諺語

諺語是千百年來人們對社會生活科學
的、藝術的概括，它凝集前人的智慧，其中
某些還反映出事物的規律性，在生產生活中
發揮著巨大的作用。松原的民間諺語包括地
方少數民族民間諺語（蒙古族、滿族及其他
少數民族民間諺語）和漢族民間諺語。蒙古
族民間諺語有諺語和謠諺之分。諺語多是兩
句式，廣泛地用於會話和各類文體之中；謠
諺多是四句式，可伴隨著曲調在馬背上流
傳。松原地方的民間諺語已大部分為各級地
方志所收錄。另外還有張豔紅、王岫竹蒐集

▲ 《郭爾羅斯蒙古族民間文學類略》

整理的《關東民間諺語》（2003 年 12 月出版）。王昭全編著的《伯都訥風俗民
情》（2004 年），收錄了一些流傳在伯都訥民間的諺語、歌謠和歇後語。王

迅、孫國綿編選的《郭爾羅斯蒙古族民間文學類略》（2006年出版）中，收錄了流傳在郭爾羅斯草原的一些民間諺語。

民間故事

民間故事是民間文化的重要組成部分，不僅具有文學價值，而且對於歷史學、社會學、民族學、民俗學等學科的研究和發展，也有一定的參考價值。流傳於松原的民間故事，包括少數民族民間故事和漢族民間故事。郭爾羅斯蒙古族民間故事，按其內容大體可分為戰勝邪惡、傳頌美德、傳頌智慧等三類，並各有一個龐大的故事群落。二〇〇九年三月，由前郭縣文化館徵稿，中國知識產權出版社出版發行的《中國民間故事全書·吉林·前郭爾羅斯卷》，收錄民間故事八十多篇，全書四十八點二萬字。此外，伯音伊勒布傑編著的《郭爾羅斯軼事》（2004年內部出版）也收錄了三十多篇郭爾羅斯蒙古族民間故事。在松原也有很多人在從事著漢族民間故事的蒐集、整理工作，其中何輝編著並於一九九八年出版的《羆貨精》，收錄了八十多篇民間故事。

▲ 《中國民間故事全書·吉林·前郭爾羅斯卷》

▍民間曲藝

流行在本地的民間曲藝，主要有蒙古族民間曲藝烏力格爾、好來寶，滿族民間曲藝「八角鼓」、太平鼓、東北大鼓等。後來東北二人轉流行，並很快占據主導地位。

烏力格爾

蒙古族說唱藝術，亦稱「蒙古說書」。其產生時代和流布範圍與好來寶相同。其演唱形式為一人手執四絃琴自拉自唱，其中可根據需要連說帶唱。唱詞長短不限，每四句為一小節，句句押韻。唱白有俗成的音調與節奏。曲調堪為豐富，皆由藝人自行安排。傳統曲目有《格斯爾的故事》和《江格爾》、具有郭爾羅斯特色的《陶克陶胡》《阿蘭豁阿》等。此外，還有表現《三國演義》《水

▲ 蒙古族烏力格爾（說唱藝術）表演

滸傳》和《西遊記》等漢族題材的長篇大書。二〇〇六年六月，烏力格爾申報國家級第一批非物質文化遺產成功。

好來寶

好來寶是一種蒙古族說唱藝術。傳說產生於金、元時期，在松遼地區，主要流行於西北部的蒙古族聚居地，至今仍有旺盛的活力。原為一人手執四絃琴自拉自唱，現已發展成二人對唱、重唱和多人合唱等多種形式。伴奏樂器也有相應的增加，使演唱氣氛顯得更加熱烈。唱詞多為自由詩體的連頭韻，可以四行一韻，押頭韻、腳韻，也可兩行一韻或隔行押韻，中間常常夾有相當的韻白。曲調源於蒙古族民歌，有固定的結構和旋律。創作方法屬於按曲填詞，既可演唱有頭有尾的故事，又可散文式地唱情表意。形式活潑，風格幽默，往往通過敘述、問答和論辯的方法，歌頌或諷刺不同的人物與事件，深為蒙古族群眾熱愛。現在，除民間藝人繼續演唱之外，還成為藝術團體經營的曲種。

▲ 好來寶

前郭爾羅斯蒙古族自治縣民族歌舞團根據當地觀眾需要，歷年都編演一些長短不等的好來寶演出曲目，遍受蒙古族乃至漢族群眾的熱烈歡迎。一九六六年，蘇赫巴魯創作的好來寶《巴圖應徵》（包相文、寧布作曲），在白城會演中獲獎。一九八一年，該劇本在《說演彈唱》發表。

八角鼓

八角鼓是滿族族傳統說唱藝術，明朝末期至清朝初期形成於松花江、遼河流域。原為滿族人的自娛歌曲和八旗軍士喜唱的「金曲」，因以手持八角形狀的單皮鼓擊節演唱而得名。清嘉慶、道光朝以後，由於旗籍士兵在各地駐屯以

及各地旗籍官吏的愛好，使八角鼓說唱藝術流傳到包括松遼地區在內的很多地區，在滿族與漢族混居之處繼續流行，並逐漸形成「八角鼓」不同的派別。其中「扶餘八角鼓」的曲牌已成為滿族新城戲聲腔音樂基調（參見前文關於滿族新城戲的有關記述）。

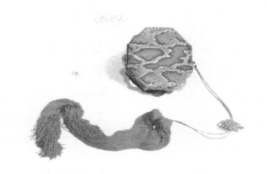

▲ 八角鼓

　　「八角鼓」的詞格、韻律皆仿漢族曲藝形式，大都為七字句和十字句，通用「十三道大轍」。伴奏樂器也逐漸增加了二胡、高胡、三弦和揚琴。扶餘「八角鼓」演唱的曲目主要是後來逐漸吸收的大量漢族故事，如《白蛇下山》《英台別友》《寶玉探病》《西廂》《斷橋》《單刀會》等。曲牌主要有《剪菊花》《靠山調》《四句板》《茨山》等三十多種。「八角鼓」的演唱有單唱、拆唱、坐唱、群唱四種形式。

太平鼓

　　松原是滿族先民舊地，據傳「太平鼓」盛行於滿族。因滿漢長期雜居共處，在漢族中亦有打「太平鼓」之習。活動多在每年的秋冬季節，豐收之年，用以祭天、祭祖，以示先祖在天之靈蔭疪恩典之意。雖有迷信色彩，但和跳大神、巫術治病有所區別。「太平鼓」在滿族祭祀活動中屬室內祭祀。其演唱分跪唱、站唱、坐唱、走唱四種形式。無管弦伴奏，只有「響器」（打擊樂）。一九五五年，吉林省舉辦民間文藝會演時，扶餘縣文化館組織長春嶺鎮太平鼓藝人曹百歲等四人的「太平鼓」參加會演，受到獎勵。

▲ 滿族人打太平鼓

東北二人轉

東北二人轉舊稱蹦蹦戲，民間也簡稱為「唱蹦子」。二人轉屬走唱類曲藝，流行於遼寧、吉林、黑龍江三省和內蒙古東部三盟一市。一九五三年四月，在北京舉行的第一屆全國民間音樂舞蹈大會上，東北代表團的二人轉節目正式參加演出，從而二人轉這個名字首次得到全國文藝界的承認，並叫得越來越響。

二人轉是東北的民間小戲，但學術界長期以來因其表演形式而一直把它歸入曲藝類。二人轉的表演形式不單單只是兩個人在台上表演，它一樹多枝，一類唱腔卻有著多種演出形式，大體可分四類，即「單出頭」、「二人轉」「群唱」（坐唱或群舞）和「拉場戲」。

二人轉的傳統劇目有三百多個。其中影響較大的主要有二人轉《藍橋》《西廂》《包公賠情》《楊八姐遊春》《馬前潑水》《雙鎖山》《豬八戒拱地》等；單

▲ 東北二人轉劇照

出頭《王二姐思夫》（又名《摔鏡架》）、《紅月娥做夢》《丁郎尋父》等；拉場戲《回杯記》《鋸大缸》《寒江》《拉馬》《梁賽金擀麵》《二大媽探病》等。二人轉的音樂唱腔極為豐富，素有「九腔十八調七十二嗨嗨」之稱，其結構為曲牌聯綴體，積累的曲牌約有三百多支，比較常見的有五十六支，其中包括胡胡腔、喇叭牌子、紅柳子、抱板、三節板、文嗨嗨、武嗨嗨、大鼓調、大悲調、五字錦、四平調、靠山調等。

　　嗩吶、板胡是二人轉的主奏樂器。擊節樂器，除用竹板外，還用玉子板，也叫手玉子（四塊竹板，一手打二塊）。二人轉的表演，有「四功一絕」。四功是指「唱、說、做（或扮）、舞」，手絹、扇子、大板、玉子板等「絕技」。清代至民國時期，松原地方二人轉主要流傳於廣大農村。一般沒有固定的職業班社，從業人員多為半農半藝。二十世紀五〇至六〇年代，松原地方著名的二人轉演員主要有郭山、於振江（一陣風）、李寶山（小荷花）、劉漢玉（三朵花）、姜秋霞，以及「草原二人轉」主要演員何川等人。

東北大鼓

　　東北大鼓也叫遼寧大鼓，又因瀋陽舊名「奉天」，故稱「奉天大鼓」。因其流行於東北各地，故稱東北大鼓。松原地方各縣城曾先後組建書場，主要演唱東北大鼓。東北大鼓具有濃郁的地方色彩，它能悠揚地抒發各種人物細緻深刻的感情，又能演唱剛毅豪放的內容，為廣大群眾所喜聞樂見。解放前，由於備受摧殘而近於凋零。解放後，在黨的「雙百」方針指引下，廣大曲藝工作者對它悉心澆灌，在二十世紀五〇年代「編新唱新」活動中，大膽革新唱腔，擴大題材範圍，使這一古老的曲種猶如枯木逢春，獲得了新的生命力。

　　松原地方演唱的東北大鼓，以演唱長篇為主，早期都是男演員演唱。清末出現女演員，專唱短篇。東北大鼓在流行過程中，形成「奉調」「東城調」「西城調」「南城調」「北城調」等多種流派。常用曲調有「大口慢板」「小口慢板」「流水板」「二六板」等，另有一些曲牌作為輔助曲牌。

東北大鼓的演唱活動主要是在各縣城的茶社（館）。二十世紀五〇年代，扶餘、前郭等地曾把大鼓藝人組織起來，成立曲藝隊（團）。除表演東北大鼓外，也表演其他說唱藝術，如單弦、評詞等。「文革」期間，曲藝隊（團）解散，後再未恢復。

民間遊藝

　　松原民間遊藝，主要是指包括東北大秧歌、滿族秧歌、舞龍、舞獅、旱船等秧歌文化活動。

東北大秧歌

　　松原民間秧歌中，盛行城鄉的是東北大秧歌，民間簡稱大秧歌，一般泛指高蹺秧歌，由來已久。大秧歌演出多在春節期間舉辦，一般從正月初一至初五和正月十五元宵節。舊時的秧歌隊多是民辦，由城鄉群眾自發組織，並成為民間的傳統習俗。舊時秧歌隊走街串巷，走屯串戶，有互為拜年，恭賀新春之意。城鎮秧歌隊，多串街給商號、店鋪、士紳、富戶拜年，接受者預備煙、茶，有的給秧歌隊賞錢。多數商家賞以子香、蠟燭之類，元宵節時亦賞元宵若

▲ 大秧歌

干。農村走屯串戶拜年，村屯組織和各戶也都給賞，或錢或物（主要是煙），以示酬慰。

傳統秧歌中的人物，多扮戲著名戲曲中人物，常見的有扮《白蛇傳》中的許仙、白娘子和青兒三人一組「遊西湖」一折的；也有的扮法海和尚、蝦兵蟹將和蚌精等「水漫金山」一折的；還有扮《西遊記》中唐僧、孫悟空、豬八戒和沙僧「西天取經」的；也有扮闊大爺、小老媽和傻柱子演「老媽開嗙」一折的；還有「瞎子觀燈」「採茶撲蝶」等，扮相多樣。

滿族秧歌

舊時，在松原地方的滿族秧歌也同東北大秧歌一樣，是由居於此地的滿族人及自願參與活動的其他族人節日慶祝的一種民間娛樂形式。滿族秧歌與東北大秧歌的區別，主要在於人物扮相、舞蹈形式和動作，以及多以地秧歌（不踩高蹺）為主。

滿族秧歌舞隊的人數一般有六七十人，人物扮相多為戲曲人物，隊員手持的道具有彩棒、霸王鞭、長纓花扇等。行進時，隊中打有多面長方形旗幟。這些，顯然有很多是漢族秧歌的特徵。然而你若多加注意，就會發現其中的許多滿族風情。一是戲曲人物的著裝與漢族秧歌戲曲人物皆為明代裝束不同，多為清代裝束；二是舞蹈動作上，表演者扭起來雙臂扭動幅度較大，腰部轉動靈活，下裝（男）的步法多為「弓箭步」「大別步」和「蹲襠步」，反映了滿族喜騎射的生活特點。另外，秧歌舞隊中有兩個漢族秧歌中絕對沒有的特殊人物，一是扮飾滿清官員的「大老爺」，二是反穿皮襖、身挎串鈴、手持「馬鞭」的「二老爺」，有如漢族秧歌中的「傻柱子」。「二老爺」又稱「克里吐」（滿語怪獸的意思），呈丑相，動作是在舞隊中前後亂竄，時而揮鞭督場。

滿族秧歌講究文明，每當正月各村的秧歌路遇時，必須互相施見面禮。由大老爺出面施碰肩禮，雙方出隊前，三次互相碰肩，這是典型的滿族禮節。

旱船

　　旱船是民間表演藝術形式之一，是一種模擬水中行船的民間舞蹈。逢年過節，境內各地都流行這種舞蹈表演。「旱船」是依照船的外觀形狀製成的木架子。在這種船形木架周圍，圍綴上繪有海藍色水紋的棉布裙。在船的上面裝飾以紅綢、紙花，有的地方還裝有綵燈、明鏡和其他裝飾物，使其豔麗華美。乘船者一般是一個人，有時也有雙人共同乘用一隻船的。乘船者多由姑娘、媳婦化裝後直接飾演。舊時也有男扮女裝的。表演時，表演者中有一名「艄公」划槳引船，在前頭帶路，做出各種划船動作。而乘船者在表演中，走快速碎步，這樣能使船身保持平穩的狀態前進，猶如在水面上漂動的船，頗為形象地塑造出水面行船的情景。一般的旱船表演不止一隻船，兩隻的為多，也有時三五成群，一線兒排開，與「船公」默契配合，時起時伏，隨著「波浪」旋轉、顛簸，猶如水上跑船。在前進中，要跑出各種平時訓練好的套路，起伏波動、生動活潑。跑「旱船」時，一般使用的伴奏樂器是鑼、鼓、鈸等打擊樂器，也有的地方加上一至兩隻嗩吶伴奏、氣氛熱烈，情緒活躍，具有濃郁的地方風情和民族色彩。

　　二十世紀五〇年代，又由「旱船」派生出相似的舞蹈「老漢推車」，原來的船型變成車型，畫水紋的裝飾裙改畫車輪，後加推桿，由一男性表演者扮老漢，持桿作推車狀，二人協調配合，隨鑼鼓點翩翩起舞。

▲ 大秧歌

健身遊藝

　　松原地方民間的健身遊藝活動很多，常見的主要有踢毽子、欻嘎拉哈、踢口袋、盪鞦韆和蒙古族的投布魯、擊古爾、朝鮮族跳板等。

踢毽子遊戲

▲ 踢毽子

　　踢毽子起源於漢代，盛行於南北朝和隋唐，至今已有二千多年的歷史，松原地方的踢毽子活動源於中原漢族，是深受青少年尤其是女孩子喜愛的一種體育活動。踢毽子的場地比較簡單，在室內、室外均可進行，不受限制，只要平坦即可活動。踢毽子的基本動作主要有盤、拐、磕、蹦四種。盤，即用腳內側交踢，俗稱「盤毽子」；拐，即用肢外側反踢，俗稱「打拐拐腳」；磕，用膝蓋將毽子向上彈起；蹦，用腳尖踢毽。除此外，還有很多其他的踢法。

　　踢毽子比賽有單人賽與集體賽。單人賽以每人踢毽的次數多少判定勝負；集體賽按個人技術高低分組，以總踢次數多少判定輸贏。技藝高超者可連踢數千次而毽不落地。另有一種團踢，即一群人共踢一毽。一人拾毽，一人踢毽，踢出後，眾人搶接，接到者踢毽；踢漏或被拾毽人接到，即由原踢毽者為原拾毽者拾毽。

嘎拉哈遊戲

　　據說，嘎拉哈遊戲是北方民族的一種文化現象。嘎拉哈就是動物的拐踝骨，嘎拉哈是滿、錫伯、鄂溫克語音譯。在松原地方，作為一種傳統民間文體

遊戲，其玩法較多。一是彈嘎拉哈。先將嘎拉哈按人數均分，按規則以食指彈之。彈者將大家出的嘎拉哈撒出，選任意一子兒為「頭」，向另一個面紋相同的子兒彈擊，命中即贏回；不中或碰到其他子兒以及彈錯、揀錯或無對可彈時，則輪到下一人重新撒、彈，彈完最後一對者為勝。二是欻（chuǎ）嘎拉哈，參加者多為少女、少婦。有欻單、欻雙、單裏、雙裏等名目。欻嘎拉哈時，扔出碼頭（銅錢串或小布口袋），快速抓出面紋相同的子兒後，再接住碼頭。欻錯或接不住，則由下一人接著欻。以抓得多者為贏。還有擲嘎拉哈、捉嘎拉哈、猜嘎拉哈等玩法。

▲ 嘎拉哈

▲ 欻欻嘎拉哈

投布魯

　　布魯，蒙古語投擲的意思。在一三〇〇年以前，就已經成為蒙古族打獵工具和與敵人鬥爭的武器。同時，人們也把投布魯作為一項鍛鍊身體的活動。布魯為木製，形狀像一把鐮刀。投布魯活動分擲遠和投準兩種。擲遠布魯為「海木勒」布魯，為扁形，握手處是圓的；投準的布魯為「通拉嘎」布魯，是圓形的，頭頂處包有鉛頭或銅、鐵箍環，這種布魯能打較大的野獸。比賽用擲遠布魯重量為五百克，投準布魯重量及形狀均不限。遊戲和打獵用的布魯重量可因人而異。布魯比賽場，一般為七五〇平方米長方形平坦地，在場地一端畫一條

▲ 投布魯

投擲線，離投擲線三十米處設投準目標圓形木樁三根，間隔十釐米，木樁高五十釐米，上端直徑為四釐米，下端直徑為六釐米。正式比賽時，不論投準或擲遠，每人以三次為限，每次投擲時間不超過三十秒，投擲姿勢不限。按得分多少排列名次。

擊古爾

「古爾」，蒙古語，就是經過加工的牛的髕骨，是游牧民族一種較常見的遊戲工具。擊「古爾」的遊戲來源於成吉思汗西征的一則傳說。「古爾」的製法是在牛髕骨的中心部位灌注熔融的金屬，以便增加其重量。母「古爾」的重量在一五〇克到二〇〇克之間，子「古爾」每枚的重量也在一五〇克左右。擊「古爾」遊戲開始之前首先要畫好場地，場地可以是長方形，也可以是圓形。參加的人數不限，一般以拋擲母「古爾」的遠近為先後順序。擊「古爾」還要先設立目標，有的把子「古爾」放在場內，有的把自己的母古爾從場地向外拋出，第二人擊打第一人的，第三人擊打第二人的，依此類推，以擊中所設目標為勝。

盪鞦韆

▲ 盪鞦韆

鞦韆的起源，可追溯到幾十萬年前的上古時代。盪鞦韆是朝鮮族婦女喜愛的民間遊戲。每逢節日聚會，在朝鮮族聚居地，身穿鮮豔民族服裝的朝鮮族婦女，便聚集在大樹下，或鞦韆架旁，在人們的歡呼、叫好聲中蕩起鞦韆。朝鮮族婦女盪的鞦韆，不僅

高，而且還很飄，有的鞦韆幾乎都盪平。盪鞦韆比賽分為單人和雙人兩種。比賽優勝者的評比方法，有的是以樹梢或樹花為目標，看誰能咬到或踢到；有的是在高處掛一個銅鈴，看誰能碰響。具體的比賽方法各地也不盡相同，但有個共同點，那就是都以高度作為決定勝負的標準。現在有些地方在鞦韆蹬板下繫一個標有尺寸的繩子，以此來測量高度，決定勝負。

朝鮮族跳板

跳板作為一種體育競技遊戲，流行於朝鮮族聚居地。跳板是朝鮮族婦女普遍喜愛的遊戲之一，歷史悠久，一般在元宵節、端午節和中秋節等節慶日子舉行。跳板長五點五米、寬三十五至四十釐米、厚五六釐米，大多用木質堅硬又極具彈性的水曲柳木板製成。跳板中央的下面放一「板墊」，使木板兩端可以上下活動。「板墊」多用稻草捆，用草袋裝滿土亦可，高度三十釐米左右。跳

▲ 跳板

板中間有一個支點，跳時兩人分別站在兩端，輪流起跳，利用跳板的反彈力把自己和對方彈向空中。這樣反覆地一起一伏，奮力向上躍起，不斷增加騰空的高度並做出各種花樣動作。跳板靠兩人協調合作，有時邊跳邊唱，一人唱，一人和。跳板的跳法多種多樣，有直跳、屈腿跳、剪子跳、空翻跳等。

跳板表演技巧，要看高度、空中的動作、姿態和技巧，能做出空翻跳、跳藤圈、舞花環、揮綵帶等驚險、高難度而又優美動作者常能受到眾人的讚賞，贏得比賽的勝利。

松原地方的民間傳統少兒遊戲的有器具遊戲主要有打嘎兒、彈琉琉兒、跳格、跳皮筋兒和扇 piaji、踢口袋、打穿、尅扎、尅落子、踢馬掌、擲杏核、丟手絹兒等。無器具遊戲主要有拉拉雨兒（也叫老鷹抓小雞）、撞拐（搬起一條腿，單腿繃著撞膝蓋，搬著的腿不落地為贏）、騎馬戰（分雙人騎、單人騎、坐轎子等多種形式，兩伙騎士互相撕扯，以將對方拉下「馬」為贏）等遊戲項目。

民間體育

舊時，流傳在松原地方的民間體育活動主要有民間馬術、擊鞠（民間馬球）、摔跤、射箭及一些冰上（雪地）運動和民間足球、放風箏等活動。

民間馬術

馬在蒙古人民心目中占有重要地位，蒙古馬是牧區生產和生活的重要工具，凡出門行路，都必須騎馬。愛馬和善騎是蒙古民族的優良傳統。馬術運動自然也為蒙古人所喜愛。馬術運動項目很多，技藝驚險，緊張激烈，引人入勝。具體項目主要有速度賽馬、馬上技巧、乘馬射箭、超越障礙、馬球等。

▲ 賽馬

擊鞠（民間馬球）

「擊鞠」即馬球運動，是一種歷史久遠而又影響較深的體育項目。馬球運動在中國古代相當活躍。早在唐代，馬球即已傳入渤海，後來契丹、女真、滿族也都很盛行。元滅金以後，蒙古族人也繼承了愛好擊鞠的傳統。擊鞠成為滿、蒙古族等民族喜愛的傳統體育項目之一。松原地方現代馬球運動始於二十世紀五〇年代後期。一九五八年十一月，吉林省政府、省體委委託前郭縣政府、縣體委組建、代管和培訓馬術隊，準備參加一九五九年第一屆全國運動會。馬術隊開設的項目有馬球、速度賽馬、馬上技巧和障礙四項。蒙古族打馬球活動現已不多見，一般為專業體育隊伍保留的一個現代體育項目。一九六〇年十二月，馬術隊整編，成為專業馬術隊，定編為三十人，其中隊員二十四

人，教練員四人，行政後勤二人。經費由省體委支付。馬術隊成立期間，除參加第一屆全國運動會外，又參加了第五屆（1960 年），第六屆（1962 年）前郭縣那達慕大會，一九六二年十一月九日，前郭縣馬術隊撤銷。

摔跤

古時稱摔跤為角抵，在中國已有數千年的歷史。中國式摔跤，是以契丹、蒙古族形式為主，經過滿族的改進、提高而流傳下來。蒙古族摔跤同其他摔跤一樣，要求運動員手、腰、腿部動作協調配合，在對抗中充分顯示自己的力量和技巧，但蒙古式摔跤所不同的是，參賽人數必須是二的某次乘方數，如八、十六、三十二、六十四等。單淘汰制，無時間限制，一跤定勝負，每輪淘汰半數。歷來分大、中、小三種類型。蒙古式摔跤服裝頗具民族特色。摔跤衣為布製或皮製，上綴閃亮的銅釘或銀釘，摔跤衣腰上繫有圍巾，用青、紅、黃三色

▲ 摔跤

製成，青象徵天，紅象徵太陽，黃象徵地。一般穿用白布縫製的摔跤褲，褲邊還套有一種無襠的「套褲」，上繡有各種民族形式的花紋，有護腿和護膝作用，一般還用結實的皮條為蒙古靴或馬靴加固。頸上套五色綢穗製成的彩條「景嘎」，標誌著獲得多少名次，名次越多，彩條越多。比賽開始歌聲起，雙方運動員跳躍進場，這是蒙古式摔跤的又一特點。

滿族的角抵，又稱「布庫」，也叫「善撲」「摜跤」「爭跤」，早在清入關前即已盛行。松原地方的滿族人由於散居於漢、蒙古各民族間，無聚居地而使此項活動漸衰。境內的錫伯族兒童和青少年都喜歡摔跤運動。有支跤、搶跤和抱後腰摔等多種摔跤法。

射箭

騎射是滿、蒙古、錫伯等民族全民所喜愛的體育活動項目，伯都訥新城東郊即設有一處箭亭（今寧江一中處），供八旗子弟習武射箭。一般大型騎射比賽，參加者多達百人。清亡後，弓箭雖退出了軍事舞台，但是射箭作為體育活動卻增添了民族體育運動的色彩，成為蒙古族、錫伯族人顯示武功、鍛鍊身體

▲ 射箭

的重要體育項目。多少年來，無論逢年過節，抑或日常閒暇之時，經常舉行各種射箭比賽活動，頗具民族特色。隨著科學技術的進步，古老的弓箭逐漸被鋼弓、塑料弓、尼龍弓、金屬箭所替代。

冰上（雪地）運動

民間的冰上（雪地）運動主要有雪地走、抽冰猴兒、溜冰車等。雪地走起源於古代，是滿族婦女喜歡的一項雪上運動。降雪後，滿族婦女在雪地裡比賽

行走，比賽時要穿「寸子鞋」，看誰的速度快，還要不濕鞋，後來漸漸地演變為民間「雪地走」體育活動。

蹴鞠（民間足球）

足球在中國古代叫蹴鞠，其歷史比馬球運動還要久遠。早在戰國時期即已很流行，漢唐時有了大發展。渤海時期，蹴鞠傳入東北，渤海人從唐朝中原地區學習蹴鞠的技術。清初期以後，滿族中很盛行一種新的足球運動，叫踢形頭（有的資料記為「熊頭」），即民間足球運動。

風箏

▲ 風箏

風箏源於春秋時代，在傳統的中國風箏中，多寓吉祥，如「福壽雙全」「龍鳳呈祥」「百蝶鬧春」「鯉魚跳龍門」「百鳥朝鳳」「連年有魚」「四季平安」等。松原地方舊時常見的風箏主要有方塊（俗名豆腐塊兒）、八卦、月亮、七星、美人、和合二仙、蜈蚣等。二十世紀八〇年代以來，軟體風箏漸流行起來，蝴蝶、蜻蜓、燕子、雄鷹、人物等取代了舊式風箏。近年來又有一種無骨風箏，它的結構是引入空氣於絹造的風坑之內，令風箏形成一個輕飄飄的氣枕，然後乘風而上。每年初春，多有大型風箏賽事。

▍服飾習俗

在服飾習俗方面，松原地方的各民族都有自己本民族的傳統。

滿族髮式、頭飾

滿族的傳統髮式和頭飾獨具特色，特別是滿族女子的頭飾，雍容華貴，落落大方。滿族入關前，男子髮式是剃髮留辮，「胡俗皆剃髮，只留腦後少許，上下兩條，結辮以垂。口髭亦留左右十餘莖，餘皆鑷去」。入關後，男子髮辮形式雖無根本變化，但保留的頂髮和髭鬚較前增多。此種髮式主要是便於山林中騎射。滿族人認為髮辮是真魂棲息之所，視為生命之本，在戰場上陣亡的八旗將士，必將髮辮帶回故里，隆重埋葬。

滿族婦女在成年前，只梳一根單辮垂於腦後，辮梢上纏紅繩，前額剪成「劉海」，並常以金銀、珠寶製成別緻珠墜角，繫於辮梢上。已婚婦女必須綰髮盤髻，中間橫插一根銀製的扁方，稱「高粱頭」，地方俗稱「大撐子」。其中最典型的是梳「兩把頭」，將頭髮束在頭頂，編成「燕尾式」，長頭髮在後脖頸上，並戴上扇形髮冠，這種髮型稱「旗頭」「京頭」，滿語為「答拉赤」，俗稱「拍子」「花冠」或「稱子」。戴上這種寬長的裝飾品，限制了脖頸的扭動，使之身體垂直，加上長長的旗袍和高底鞋，使她們走起路來絲絲碎步，分外穩重、文雅。這種頭飾全世界唯滿族婦女獨有，從而成為典型的民族特徵，十分引人注目。滿族婦女喜鮮花，並喜在頭髮上插金銀、翠玉等製成的壓髮簪、珠花簪。自古以來滿族婦女就重視髮式

▲ 滿族服飾

頭飾，並且從不纏足，故有「金頭天足」之美譽。民國以後，男子剪辮，男女髮式漸同漢族，只是中老年婦女梳髻挽在頭頂，與漢族異。

滿族傳統服飾

滿族的傳統服飾，既體現著北方游牧民族的特色，又兼具漢族服飾的要領，使得滿族的服飾更豐富多樣，富於變化。傳統的滿族服飾色彩多以淡雅的白色、藍紫色為主，紅、粉、淡黃、黑色也是其服飾的常用色。在傳統上，滿族有尚白的習俗，以白色為潔、為貴，白色象徵著吉祥如意。

滿族最具特色的服飾是旗袍。旗袍，滿語稱「衣介」。從古代一直到民國時期，旗袍一直都是滿族男女老少一年四季都穿著的服裝。分為單、夾、皮、棉四種；又分男女兩大類。清初男子旗袍為圓領、大襟、箭袖，四面開衩，繫扣襻，腰中束帶。四面開衩是為了騎射自如。箭袖是為射箭方便，滿語稱「哇哈」，形似馬蹄，又稱「馬蹄袖」，平日挽起，放下可禦寒，後來演變為清朝官員謁見皇上或上司的一種禮節——「放哇哈」。冬季在棉袍外往往套一件長到肚臍、四面開衩、對襟的短褂，俗稱馬褂。馬褂，是滿族男子騎馬時常穿的一種褂子，分紗、單、夾三種，分別由縐紗、綢緞或大絨製成，有大襟、對襟、琵琶襟等多種形式。滿族人為了騎馬方便，喜歡在旗袍外套或長袍的外邊套一種身長至臍、四面開衩的短褂，以御風寒，稱「長袍馬褂」。馬褂清初僅限八旗士兵穿著，後來逐漸盛行於民間。馬褂後常被皇帝用以賞賜有功之臣。被皇帝賞給「黃馬褂」可謂極高的榮譽。清末，由四開衩改為左右兩開衩，箭袖多改為平袖。

坎肩也是滿族人常穿的服飾。坎肩亦稱背心、馬甲、披襖、搭護等。滿語稱窩龍帶。坎肩是在進關之後，由於民族融合，受漢族衣著影響的結果。坎肩並不是滿族原有的服裝，是由漢族的「半臂」演變來的。坎肩實為無袖的馬褂。有領，衣長及腹，多為兩側開衩，在領、襟等邊緣處飾以各色花紋。有對襟、大襟、琵琶襟等式樣和棉、皮、夾、紗之分。內蒙古的滿族男子多喜琵琶

襟式坎肩。其式是將衣襟縫成弧形，即襟從領口至右肩處貼胸而下，但不到底，而又左轉至肚臍處，以致下襟缺一小截，其式是為上下馬方便之故。女式坎肩多為對襟式，對襟下端多為如意頭式，衣緣多鑲以豔麗花邊。清代該服飾窄小，多穿於旗袍內，清末以來尚寬大，多套於旗袍外。

隨著時代的發展，男旗袍已漸棄不用，只有八旗婦女日常所穿的長袍才與後世的旗袍有著血緣關係。滿族婦女穿的旗袍，樣式美觀大方，講究裝飾，在旗袍領口、衣襟、袖邊等處鑲嵌幾道花條或彩牙兒，有的還要鑲上十八道衣邊才算是美。穿起來勻稱苗條，婀娜多姿。有一種女式旗袍叫「大挽袖」，把花紋繡在袖裡，「挽」出來更顯得美觀。天寒時則加馬褂或馬甲於袍外。旗袍的樣式後來發生了一些變化，開裾從四面改成了兩面；下襬也由寬大改為收斂；袖口也由窄變肥，又由肥變瘦，使其穿起來更加合體。民國年間，女式旗袍多改為胸襟寬鬆、腰身微緊、臀部稍寬、下襬略收的式樣。女式旗袍也不斷演變，由寬腰直筒式演變為緊身合體的曲線形式樣，使旗袍成為中國傳統女裝的代表。

其他方面的服飾還有套褲以及肚兜。滿族男女早年流行穿「套褲」。套褲用皮製作，後來改用布。這種服飾，僅有兩條單腿褲筒，不連接在一起，用時分別套在腿上。幹農活時穿套褲不磨褲腿，對老年人來說又可防風寒。早期滿族男女老幼皆戴布「兜兜」，緊繫腰腹，貼在胸前。製作「兜兜」十分講究，兜嘴按本旗屬的那種顏色，鑲一寸寬彩色布，繡上吉祥字和圖案。小孩繡「長命百歲」，成年男人繡「吉祥如意」，青年婦女繡花卉，老年婦女繡「盤長」。如遇本曆年一律穿戴紅兜兜。

滿族傳統鞋帽

滿族有「女履旗鞋男穿靴」之說。早期滿族男人多穿雙梁鞋。婦女皆穿「平底鞋」「千層底鞋」。雙梁鞋是滿族男人的便鞋。鞋面多用青布、青緞布料。千層底鞋用多層袼褙做鞋底，故得此名。鞋面多為布料，一般不繡花卉等

▲ 滿族傳統鞋帽

圖案,多在勞動中穿用。平底鞋,鞋面的材料一般是用布或緞,色澤不一。鞋面上皆繡花卉圖案,鞋前臉多繡「雲頭」,屬家常便鞋。

旗鞋,這種繡花的旗鞋以木為底,史稱「高底鞋」,或稱「花盆底」鞋、「馬蹄底」鞋。其木底高跟一般高五至十釐米左右,有的可達十四至十六釐米,最高的可達二十五釐米左右。一般用白布包裹,然後鑲在鞋底中間腳心的部位。跟底的形狀通常有兩種,一種上敞下斂,呈倒梯形花盆狀。另一種是上細下寬、前平後圓,其外形及落地印痕皆似馬蹄。「花盆底」和「馬蹄底」因此而得名,又統稱「高底鞋」。除鞋幫上飾以蟬蝶等刺繡紋樣或裝飾片外,木跟不著地的部分也常用刺繡或串珠加以裝飾。有的鞋尖處還飾有絲線編成的穗子,長可及地。高底旗鞋多為十三四歲以上的貴族中青年女子穿著。老年婦女的旗鞋,多以平木為底,稱「平底鞋」,其前端著地處稍削,以便行走。袷鞋多雙臉,美者或用綢緞堆雲錦,名曰雲子鞋。貧者著鞋,唯易袷耳為藍色,稱青鞋。靴子有夾有棉,可用緞、絨、布、革製作。按規定,官員穿方頭靴,平民穿尖頭靴;另有薄底快靴,俗稱「爬山虎」,多為兵丁武士所穿。

靰鞡是滿族傳統的防寒靴鞋之一,以豬、牛、鹿等獸皮(後多用牛皮)縫製而成。形狀為前尖後圓,前臉拿摺,鞋底後面呈方形,釘大圓鞋釘兩個;鞋幫貫以六個鞋耳,鞋口近腳處墊以襯布,並用一根細皮帶聯結靴耳。鞋較寬大,穿用時內著氈襪,並須在鞋中充墊靰鞡草。男子出遠

門者多穿革靴，其形狀類似靰鞡，但其靴腰高，冬季內襯有氈襪，輕便保溫，俗稱「蹚突馬」。

帽子滿語稱「瑪哈」，大致可分為禮帽、氈帽、暖帽、涼帽或便帽等。秋帽又稱「四塊瓦」，有四個毛皮耳，皮耳縫以貂等皮毛，多為富家子弟所有。耳朵帽即氈帽，在天氣寒冷的時候使用，有左右兩耳，上縫製毛皮。滿族婦女秋冬多戴（又稱「困秋帽」），式樣與男帽略同，有簷，帽頂有蓋花，並綴有飄帶。但多數婦女冬季戴耳包。便帽，亦稱小帽，六瓣縫合而成，俗稱瓜皮帽，乃滿族通常戴的半圓形小帽，多為黑色。富人帽的正前面綴有碧璽或翡翠，亦有綴珍珠者，稱為帽正。暖帽，有簷，即冬季常戴的毛皮氈帽。在氈帽耳上縫有各種毛皮，高檔者用狐狸毛皮。耳朵帽為黑色或褐色，左右有帽耳以禦風寒。涼帽，也叫草帽，無簷，形如覆釜，用「得勒蘇」草或竹絲、藤絲編成。有綴纓、尖纓涼帽、繫孔雀翎涼帽之別。六合帽，帽面以六塊綢緞拼合而成，俗稱六塊瓦帽，帽下沿鑲有寸寬繡邊，前端釘一個玉或翠的飾物，帽上方綴紅頂。

蒙古族傳統髮式

古代蒙古族亦為辮髮之民，男人髮式在室韋（蒙古源於蒙兀室韋）時期為「披髮」，成吉思汗時期至歸附清朝以前留「三塔頭」，清時髮式隨滿俗。

女子髮式，清朝時蒙古族已婚婦女梳盤髮高髻，用扁簪橫插在髮根，並用珊瑚、瑪瑙、珠玉等穿綴成串，盤扎頭上，叫塔塔古爾（額箍），外用絲巾綢布纏頭。未婚女子把頭髮從前方中間分開，紮上兩個髮根，髮根上面帶兩個大圓珠，髮梢下垂，並用瑪瑙、珊瑚、碧玉等裝飾。有的地方姑娘不分髮，梳一根長辮搭在身後，一般上繫小形飾件。民國以後，男女髮式漸同漢族。

蒙古族傳統服飾

蒙古族服飾具有濃厚的草原風格，蒙古族不論男女都愛穿長袍。蒙古袍是蒙古族人民為適應牧業生產和自然環境而創製的一種古老傳統服裝。衣領、衣

▲ 蒙古族服飾

襟、袖口，皆有豔色的鑲邊。衣釦多用黑條子繡製，或綴以特製的黃銅釦子。
從右方開襟，左方多不開衩。男式長袍一般用深藍色、海藍色或天藍色的衣料
製作；女式長袍多用紅色、綠色或黃色的綢緞類製成。蒙古袍按季節還分為單
袍、夾袍、棉袍和皮袍。年輕的牧人穿上長袍和馬靴，緊紮腰帶，顯得魁梧、
彪悍；姑娘穿上蒙古袍，腰間繫紅綠綢帶，能襯托出苗條身軀和青春之美。牧
區冬裝多為光板皮衣，也有綢緞、棉布衣面者。夏裝多布類。長袍身端肥大，
袖長，多紅、黃、深藍色。男女長袍下襬均不開衩。紅、綠綢緞做腰帶。男子
腰帶多掛刀子、火鐮、鼻煙盒等飾物。喜穿軟筒牛皮靴，長到膝蓋。農民多穿
布衣，有開衩長袍、棉衣等，冬季多氈靴、靰鞡、高筒靴，保留扎腰習俗。坎
肩是蒙古民族服裝的配套服飾之一，蒙古長袍的一種外套。蒙古婦女穿坎肩，
一般不扎腰帶。坎肩無領無袖，前面無衽，後身較長，正胸橫列兩排紐扣或綴
以帶子，四周鑲邊，對襟上繡著鮮豔花朵，並綴有五顏六色的珠片，光澤閃

閃。蒙古族坎肩始於元代。這種坎肩，初為世祖皇帝所服，後流行於民間。到明、清兩代，逐漸成為普通蒙古族婦女的一種服飾。

還有比較有特色的是蒙古族摔跤服。蒙古族摔跤服是蒙古族服飾工藝。摔跤比賽服裝包括坎肩、長褲、套褲、綵綢腰帶。坎肩祖露胸部。長褲寬大。套褲上圖案豐富，一般為雲朵紋、植物紋、壽紋等。圖案粗獷有力，色彩對比強烈。內褲肥大，用十米大布特製而成，利於散熱，避免汗濕貼於體表；也適應摔跤角力運動特點，使對手不易使用纏腿動作。套褲用堅韌結實的布或絨布縫製。膝蓋處用各色布塊拼接組合縫製圖案，紋樣大方莊重，表示吉祥如意。服裝各部分配搭恰當，渾然一體，具有勇武的民族特色。

蒙古族傳統鞋帽

蒙古族男子多戴藍、黑、褐色帽，或用綢子纏頭。女子多用紅、藍色頭帕纏頭，冬季和男子一樣戴圓錐形帽。蒙古禮帽是蒙古族男子首服之一，是一種橢圓形的、四周有一圈寬邊簷的帽子。一般用精緻呢料製作，多為黑色、棕色或灰色。帽筒前高後低，帽頂中央稍凹陷，帽筒與帽簷相接處，綴以花紋鑲邊。穿蒙古袍或西服，佩戴禮帽，顯得文雅美觀。

蒙古靴子是蒙古民族服裝的配套部件之一。分布靴、皮靴和氈靴三種。布靴用高級布料或大絨製作，靴頭和靴筒上往往以金絲線繡花。圖案新穎豔麗，具有濃郁的民族特色。皮靴通常用牛皮製作，有舊式和新式兩種，舊式皮靴用澀面香牛皮製作，其樣式古老，靴頭粗笨，靴尖上翹，靴筒約一尺多高，筒口寬大，呈馬蹄形，靴底較厚，為多層底，狀如船形；新式皮靴用光面牛皮製作，俗稱馬靴。氈靴用羊毛模壓而成，俗稱「氈圪達」。牧民在冰天雪地裡勞動、行走或騎馬，只有穿上「氈圪達」，方可度過嚴寒。蒙古靴是蒙古族人民在長期的勞動生產和日常生活中創造出來的，非常適應牧區的自然環境。騎馬時能護踝壯膽，勾踏馬鐙；行路時能防沙，減小阻力，又能防寒防蛇。

朝鮮族傳統男裝

▲ 朝鮮族男裝女裝

黑帽、白短衣、寬襠高腰黑褲。朝鮮族的服飾特點是尚白。男子喜歡穿白色短上衣、斜襟、無紐扣，用長布帶在一旁打結，外套黑色坎肩，俗稱「背褂」。與白衣相配的褲子，褲襠肥大，宜於勞動和盤腿而坐，兩褲管用黑布條紮裹。外出時加長袍。

朝鮮族傳統女裝

▲ 朝鮮族女裝

淡藍、粉綠、水粉短衣長裙。朝鮮族婦女服飾喜歡在斜襟上鑲白布邊。年輕的婦女和少女喜歡在上衣袖口和衣襟上鑲綢緞邊。綢緞製飄帶的顏色有紅色、紫色、藍色。老年婦女喜歡穿素白色衣裙，用白絨布包頭。冬天穿的坎肩以毛皮為裡，以綢緞為面。朝鮮族喜歡穿一種分叉的纏裙，紮繫寬腰帶，有許多細褶，裙長及腳跟，穿時將下身裹一邊後再把裙子下襬的一端提上，掖在腰裡。婦女勞動時多穿筒裙，在上端連一個白布小背心，前胸開口扣紐扣，穿法是從頭往下套，這種長裙只過膝蓋。朝鮮族少婦少女衣裙多用「七色緞」做原料，色彩繽紛，鮮豔奪目。

飲食習慣

　　松原地方各族人的飲食習慣，凸顯著本民族的特色，經過世代傳承和各民族互相學習，有很多民族食品如滿族的小豆包、四樣餑餑、白肉血腸，蒙古族的烤全羊、手把肉、全羊席，回族的涮羊肉、水爆肚等，已經成為地方特色食品品牌。

滿族特色主食

　　滿族以農業為主，以家畜飼養、狩獵為輔。舊時，滿族食用穀類有糜子、小麥、大麥、穀子、稷子、高粱、蕎麥等十餘種。滿族人主食最大的特點是「黏」，早自清代，滿族人就喜歡黏食，所製米糕，色黃如玉，質感黏膩爽口。滿族人喜黏食，取其易存放、耐飢餓、便於遊獵和遠途征戰攜帶之利。居於松原特別是扶餘、寧江地方的滿族家庭，普遍喜歡用黏米（大黃米、小黃米）麵做豆包、涼糕、切糕、炸糕、「驢打滾」等食品，統稱為黏餑餑。小餑餑，也叫小豆包，多在冬季以黏米麵包芸豆（或小豆）餡蒸製。小如雞蛋甚至更小，一做幾缸幾簍，蒸熟後冷凍，隨吃隨熱。「驢打滾」，也叫豆麵卷子。黃米麵蒸熟，揰餅，撒以炒熟的黃豆麵（有的摻拌白糖），捲成長卷，再切成小段，一般隨做隨吃。

　　除黏食外，也有頗具特色的麵食、米飯和湯麵類。

　　荷葉餅，也做「合葉餅」，一張餅分為兩層。滿族家庭有農曆二月吃「荷葉餅」的習慣，故又稱為「春餅」。荷葉餅用白麵做，製作時兩

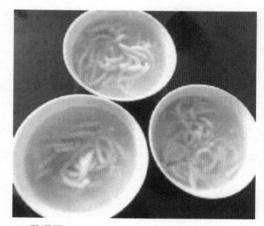

▲ 酸湯子

層之間放食用油，攤成雙層的薄餅，烙熟後揭開成兩片，內捲雞蛋醬、碎蔥或熟肉片，或者炒豆芽等，即可食用。另有與荷葉餅相近的特色食品筋餅（一般為飯店製作）卷蹄髈（pǎng，民間亦稱髈蹄肉）。四樣餑餑，即小型的包豆餡的饅頭，製成後入模，壓成四種花型，蒸熟食之。一般都在春節前大量蒸製，選質優者，點紅印，作為春節祭祖敬神供品之一，其餘冷凍存放，節日期間，隨吃隨熱。「龍虎鬥」，即二米豆飯，用大米、小米、小豆合煮。「鬥」即「豆」的諧音，大米、小米喻之龍、虎，故稱「龍虎鬥」。秫米（高粱米）水飯，將秫米（高粱米）煮熟，撈到冷水中浸涼即成，多在夏季食用，清涼解暑。酸湯子，用稍微發酵後的玉米麵糰，用手和特製工具將其擠成筷子粗細的短麵條，葷炒、素炒或做湯麵（伯都訥地方又稱之為「格格豆」）。這種湯麵略帶酸味，吃起來比較爽口。酸湯子是粗糧細作的一種特殊食品。另外，滿族人喜食的主食還有飯包、酸辣碗坨兒、蕎麵飴餎、鍋貼、鍋烙、特色扁食（餃子）、三鮮合子、過水珍珠湯、「飛火旗」（菱形麵片兒）、「貓耳朵」等。

滿族特色糕點

滿族的糕點主要有薩其馬、大、小八件、糕乾等。

薩其馬

▲ 薩其馬

薩其馬是滿族傳統糕點，傳說，當年努爾哈赤遠征時，見到一名叫「薩其馬」的將軍帶著妻子給他做的點心，點心味道好，且能長時間不變質，適合行軍打仗時食用。努爾哈赤品嚐後大加讚賞，並把這種食物名命為「薩其馬」。舊時製作薩其馬用雞蛋、油脂和麵粉，細切後油炸，再用飴糖、蜂蜜攪拌沁透。時

至今日，薩其馬的製作方法已被改良：由雞蛋加入麵粉製成麵條狀下油鍋炸熟，再用白糖、蜂蜜、奶油及各種果脯丁等製成混合糖漿，然後與炸好的麵條混合，壓平、切成方塊，待乾而成。是一種以雞蛋為主要原料的方形甜點心，色澤金黃，綿軟香甜，軟硬適度。

大、小八件

八件是採用山楂、玫瑰、青梅、白糖、豆沙、棗泥、椒鹽、葡萄乾等八種餡心，外裹含食油的麵粉，放在各種圖案的印模裡精心烤製而成。形狀有腰子形、圓鼓形、佛手形、蝙蝠形、桃形、石榴形等多種多樣且小巧玲瓏。入嘴酥鬆適口，香味純正。是滿族糕點中的上品。 大八件一般是八件一斤，小八件一般是八件半斤。

糕乾

糕乾是一種粗糧細作的糕點，一般用小米麵加糖乾蒸，切塊。此種糕點二十世紀五〇年代以後已很少見，現已絕跡。

滿族特色菜餚

滿族特色菜餚主要有滿族八大碗、滿族火鍋、樽（dun）菜、白肉血腸、汆酸菜等。

滿族八大碗，為「滿漢全席」之一「下八珍」，深受民間歡迎。據《滿族旗人祭禮考》記載：宴會則用五鼎、八盞，俗稱八大碗。年節、慶典、迎送、嫁娶，富家多以「八大碗」宴請。八大碗在當時集中了扒、燜、醬、燒、燉、炒、蒸、熘等所有的烹飪手法。

比較常見的滿族八大碗參考菜名：

雪菜炒小豆腐、滷蝦豆腐蛋、扒豬手、灼田雞、小雞榛蘑粉、年豬燴菜、御府椿魚、阿瑪尊肉。其中，「阿瑪尊肉」（俗稱努爾哈赤金肉）最具代表性，此菜是清太祖努爾哈赤時代流傳下來的。

火鍋，滿族火鍋歷史悠久，為滿族的傳統食俗。銅鍋炭火，雞湯沸騰，湯

▲ 血腸

中雜以酸菜絲、粉絲，用來涮豬肉、羊肉、雞肉、魚肉。有時還有野雞肉、狍子肉、野鹿肉和飛龍肉。有的也用各種山蘑菇調湯。滿族火鍋作為滿族傳統的飲食風味，自清代以來，一直傳承不衰。

血腸，滿族喜食豬肉，逢年節殺豬時，都要請客，名曰「吃血腸」。豬血腸製法，是將新鮮豬血兌適量溫水，加放調料（有的還要加一些肥肉碎塊），然後灌到洗淨的豬腸裡，煮熟即可食用，名為「血腸」。

白肉血腸，燴酸菜時，加入白肉片、血腸段，另加蘑菇、黃花菜、粉條等配料，即成為滿族菜中的一道名菜「白肉血腸」。

樽菜，選細嫩白菜心，用線繩捆成拇指粗，捆一節切一節，長約二寸，用開水焯後，擺放好，把小米米湯澆在上面，放酸為止。吃時用水洗淨，放入盤內，撒上白糖後食用。其味酸甜可口，又脆又香。此種食法現在已很少見。

滿族醬

滿族人還喜用一種自製的醬佐食，這種醬的做法類似漢族人做盤醬，大豆炒熟後，再上鍋烀熟，上磨成乾糊狀（漢族是乾磨豆粉，然後拌濕），然後做成醬塊。待醬塊發酵約兩個月以後，將乾醬塊取下砍成小塊，磨碎（舊時多用碾子），置入缸中，加鹽加水。再令其自然發酵約一個月，即可食用。

滿族人喜歡食用的菜餚還有醬豬手、醬雞翅、拌生魚、老虎肉（類似紅燜肉）、汆丸子、汆酸菜、鍋鐵烤肉、熘肉（魚）段兒、鍋包肉、扣肉、澆汁魚、各式滷菜及各式燴碗湯。

滿族特色宴筵

滿族特色菜餚在發展中，吸收漢族經典菜餚製作方法和蒙古族的特色菜餚，使其品種越來越多，品位也越來越高，集合滿、蒙古、漢族名菜，既有宮廷菜餚之特色，又有地方風味之精華，菜點精美，禮儀講究，形成了引人注目的獨特風格，民間稱之為滿漢全席。標準的滿漢全席一般上菜起碼一〇八種，取材廣泛，用料精細，烹飪技藝精湛，富有地方特色。突出滿族菜點特殊風味的燒烤、火鍋、涮鍋幾乎是不可缺少的菜點，同時又展示了漢族烹調的特色，扒、炸、炒、熘、燒等兼備。

松原地方的「扶餘滿餐」「滿漢合餐」等特色筵宴，可視為小型的「滿漢全席」，並以主菜的用料分為宴席或命名，如「春江頭魚宴」（又叫開江魚宴）、「全豬席」「海參席」「燕窩席」等。舊時，一般的扶餘滿餐的菜餚講究「八頂八」（八種盤裝的炒菜、涼拌和八樣燴碗兒湯，後同），或「六頂六」套菜等。

蒙古族特色飲食

蒙古族特色飲食包括各種乳食、肉食、米麵食品等。蒙古族從有史記載時起，已進入牧獵時期。隨著中國東北地區的開發，農業較早進入了蒙古東部地區，開始了糧食生產，於是肉食、乳食、糧食成了這一地區蒙古族生活中的三大食品。只不過農區、牧區、半農半牧區的糧、乳、肉在食用比重上有較大差異。農區以糧食為主，以肉、乳為輔（遠離草原的農區，乳肉皆較少）；半農半牧區糧、肉、乳並用；牧區主要是肉食和乳食和一定數量的糧食，使飲食得到了很好的調劑。

乳食

乳食品蒙語稱「查干伊德」（即白食），泛指一般常用奶製品。

奶油，奶油也稱黃油，是夏秋兩季把浮在奶子上的油脂肪、蛋白（蒙語稱「烏日莫」）取出來，經過濾後在鍋裡煉製而成。奶油色呈微黃，是鮮奶的精

▲ 乾乳酪

華，含有多種營養物質，是上等補品，是招待客人的佐食品。

奶皮子，奶皮子是在夏季和秋季裡，把鮮奶放到鍋裡用微火煨，待奶滾沸後，一面用勺攪湯，一面點入生奶，直到鍋中的牛奶上凝結成一層奶皮後方停。經冷卻，到第二天成為蜂窩狀奶餅，取下對折，晾乾食用。

奶酪，製法是將鮮奶盛在盆、罐等容器裡發酵，待開始出現分離現象，產生沉澱後的凝狀物即成，此凝狀物就是奶酪。奶酪可清飲，也可拌飯或拌炒米食用，既清涼可口，又有消暑作用。

奶乾，奶乾也稱奶豆腐，製法是將提出「烏日莫」的酸奶置器皿中，待其沉澱後，把糊狀物裝入粗布袋裡經壓榨後，通過模具製成各種形態的奶餅，晾乾即成。近些年，又出現一種奶糕。其做法是，在鮮奶中不提取奶油、奶皮子，直接用火煨熬，待熬到黏米糕狀時取出，加白糖食用。

肉食

肉食品蒙語稱「烏蘭伊德」（即紅食），泛指一切肉食。松原地方蒙古族的肉食主要是牛、羊、豬、兔肉，偶食黃羊、狍、鹿等肉，其中羊肉食譜繁多，烹調最為講究。主要食法有「手把肉」、吃「烏查」、吃全羊和全羊席等。

手把肉，東部區蒙古人宰羊採用掏心法，剝皮取出內臟後，去頭蹄，把整個羊解成若干小塊，放在白水鍋裡煮（不加任何調味佐料），水沸起鍋。這種傳統做法的特點是肉嫩，味鮮。現在一般的做法是在第一道工序完成後，再加佐料烹調後食用。吃「手把肉」因不用筷子，用手抓食而得名。

吃「烏查」，吃「烏查」就是專吃羊的「後鞧」。做法是將羊背脊上第七

肋骨至尾部割為一段，帶尾下鍋。水滾開後取出，盛入盤中食用。用餐時用蒙古餐刀割、挖、食之。

▲ 手把肉

吃全羊，有煮全羊與烤全羊兩種吃法。煮全羊的做法是把全羊解為幾段，煮熟後，在長方形或橢圓形大木盤中按全羊形擺好，然後插上兩把以上蒙古餐刀，端到宴席上，再撤掉頭和四肢。開始食用時，主人先用餐刀在全羊上劃個「十」字，表示「請」的意思，然後，賓客各自取用餐刀就近處割食。吃全羊，也叫第一道筵，過後，再上酒、菜，最後上飯。

烤全羊的做法，是把羊宰殺後，整理清洗乾淨，將整隻羊入爐微火熏烤，出爐入爐，反覆多次，烤熟後，將金黃熟透的整羊放在大漆盤裡，圍以綵綢，置一木架上，由二人抬著進入餐廳，向來賓獻禮。然後再抬回灶間，廚師手腳利落，解成大塊，端上宴席，蘸著椒鹽食用。烤全羊不僅獨具風味，而且氣氛隆重，是草原上接待尊貴客人的民族風情宴筵。

全羊席，「全羊席」是蒙古宮廷筵中一種最豐盛的民族宴席，又稱「全羊大筵」。「全羊席」是經歷了幾百年的技藝演進和飲食經驗積累的結晶。「全羊席」的菜名非常考究，全羊七十六菜，每菜都不露「羊」字。如以羊眼睛作為菜名為「玉珠頂」，以羊腦作的菜名為「燴白雲」，以羊髓做的菜名為「燴鳳髓」，以羊百葉做的菜名為「素菊花」，以蹄筋、骨髓和燒的菜名為「蜜汁髓筋」；以不同部位的羊肉做成的菜有各種不同的名稱，如「櫻桃紅腐」「清燉百合」「素燒琵琶」「鍋燒腐竹」「五香蘭肘」等，還有「吉祥如意」「滿堂五

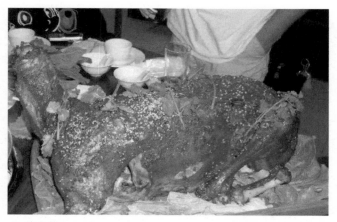

▲ 烤全羊

▲ 全羊席

福」等吉祥菜名。不僅菜名高雅，菜品豐盛，而且烹製技藝精湛，配料講究。煎、炒、烹、炸、爆、煮、蒸、燉各種口味俱備，形、香、色、味無不講究。「全羊席」上菜程序也非常講究，要以羊頭為首菜。菜品上桌按四四編組，再加上諸色點心、各種主食，顯得豐盛至極。蒙古傳統的「全羊席」兼容各大菜系的某些烹飪特點，形成了自己的烹調風格，具有獨特的民族風味。

蒙古八珍，所謂「八珍」，即「醍醐」「麆沆」「野駝蹄」「鹿唇」「天鵝炙」「元玉漿」「紫玉漿」等。這「八珍」中，醍醐是從牛奶中提煉出來的精華，為舊時供佛佳品；麆是獐的別稱，獐肉是蒙古草原的高級食品，其幼羔尤為鮮美，實為一珍。駝蹄與熊掌齊名，駝乳不僅是高級補品，更是良藥。鹿唇（即犴達犴唇）是名貴食品。天鵝炙，即烤天鵝肉，類似今天的北京烤鴨。這些珍品除野駱駝近些年日趨減少近於絕跡外，其餘多為蒙古草原特產，成為蒙古族東部地區頗負盛名的野味。不過這些珍品通常非盛大宴會，或巧遇獵

獲，一般不會食用。

　　成吉思汗火鍋，又稱「成吉思汗鐵板燒」。相傳，成吉思汗在一次圍獵宿營時，看見士兵們架在篝火上的肉被火熏燒得焦黑。他忽然靈機一動，取一個士兵的鐵盔放到篝火上，拔出腰刀，把獵來的黃羊肉切成薄片，貼在「鍋上」，烤成外焦裡嫩的炙肉片。「鐵板燒」從此誕生。此吃法隨成吉思汗西征傳到歐洲，又傳到東南亞和日本，以至風靡世界，但在國內卻長期失傳。直到近些年，方從日本引回並大興於一些特色食府。此種佳餚的現代食法，是在一張特製的圓桌上，置一雕龍鏤鳳的炭火盆，上覆鐵鍋，鍋臍處開有煙囪。用餐時將薄薄的肉片貼在扣放的鍋面上烤燒，當肉烤得焦黃、酥嫩、溢散出香味時，用筷子夾起，調料食用。

米麵食品

　　蒙古族的肉、乳、糧三大食品中，糧食的比重也很大。由於農區和半農半牧區和漢族、滿族居住地區比較接近或者雜居，所以食用糧食的品種也大體相同。不過，仍保留著一些民族食品的傳統吃法。

　　炒米，是蒙古族較普通的食品。炒米，蒙古語稱「敖特八達」，意思是適於游牧的糧食。其製法是：將穄子洗淨、蒸煮（不能煮開花），然後在鍋內用沙子翻炒。之後，上碾子去皮，再淨糠即成。進餐時加糖、奶油，用熱奶泡後食用。

　　牛犢湯，是松原地方蒙古族農牧民普遍喜愛的一種麵食。蒙古語稱作「陶格勒」（即牛犢）湯，做法是把蕎麵搓成疙瘩，再捻成貓耳朵形的麵片（也有的用揪切的白麵片兒），用牛奶煮熟後，佐以黃油、奶皮子、白糖食用。

▲ 奶茶

▲ 自製馬奶酒

蒙古餡餅，是蒙古族農牧民在長期的生活實踐中所獨創的、具有鮮明的民族特點和地區特點的麵食。做法是揪軟麵在手心中攤開，填肉餡，團成包子形，然後在鍋內用鐵板勺再攤開，直到見餡而不露。烙熟後過油食用。

麵腸，是蒙古族殺豬、殺羊時做的具有蒙古特點的食品。它不同於滿族、漢族的血腸。麵腸的做法是在血中加入蕎麵、豬板油（腔子油）丁及各種佐料，灌入豬、羊腸中，煮熟食用。

肉粥，一直是蒙古人愛吃的飯食。直到今日，農曆臘月二十三（即小年）有些農牧民家庭還要煮肉粥吃。

飲品，蒙古人民喜歡喝茶，特別喜歡喝奶茶。蒙古人喝奶茶歷史久遠，至少在宋遼時期茶葉已經到了北方。宋朝用茶換取北方游牧民的家畜及畜產品，在邊關實行茶馬互市。還專門建立了提舉茶馬司管理這一事宜。

奶茶，用磚茶和奶煮成。一般做法是先把茶磚搗碎放在水中煮，茶燒開後，加入鮮奶，再燒開，除去殘茶，裝入壺中飲用。以個人喜好或用淡鹽，或用糖提味。既可單獨飲用，也可在喝茶時吃些炒米、奶皮子、手把肉等各種食品。因其與滿、漢族用茶方法都不同，所以人們把奶茶也叫「蒙古茶」。

飲紅茶，也稱「清飲」，它不是為了攝取營養的需要，而是為了幫助消化。蒙古族人有喝早茶的習慣，而且喜用紅茶。每天清晨起床後，要先燒水沏茶。茶是蒙古族人會晤朋友、聚會談天必不可少的飲料。

馬奶酒，用馬乳釀酒，在蒙古族古代就很盛行。最初多為遠行狩獵時為防饑渴，在皮囊（或牛的膀胱）中裝些馬奶，帶在身邊。由於整天飛馬顛簸，使

奶液發酵分離，渣滓下沉，純淨的乳清浮在上邊，成了有催眠作用的奶酒。由此逐漸使人學會釀製奶酒。

奶酒的釀製方法，蒙古族牧民釀製奶酒的方法是祖輩傳下來的，鮮奶經過發酵後，再在特製的蒸籠（整樹雕琢的木桶）上蒸製而成。釀製方法和過去普通糧食燒酒的燒製相仿。蒙古族古代就有「曲釀酒俗」《蒙古酒考》有云：「六蒸六釀者最佳」。頭釀叫「阿爾乞如」，回鍋再釀的二釀稱「阿爾占」，三釀謂之「浩爾吉」，四、五、六釀分別稱之為「德善舒爾」「沾普舒爾」「熏舒爾」。這種奶酒剛出鍋時酒度有二十度，口感較好，有點兒像米酒的味道。

朝鮮族特色主食

朝鮮族精於種稻，所以日常主食是大米。民族風味的食品有打糕、冷麵、米腸等。

打糕，把蒸熟的糯米或小黃米放在木槽子或石槽裡，用食捶搗成黏團狀，切成條或塊，蘸糖吃。打糕是朝鮮族節日、喜慶日招待客人的主食。

▲ 打糕

米腸，豬腸灌以血漿、大米，並調味，煮熟切段而食，與漢民吃血腸相同。

冷麵，朝鮮族冷麵別具一格，主要原料有蕎麥粉、小麥麵和澱粉，也有的用玉米麵、高粱米麵和土豆澱粉。將原料摻和好，軋成粉

▲ 冷麵

條狀的圓條，用精牛肉或雞肉、雞蛋熬湯，冷卻後再放油。麵條煮熟後用水泡

涼，放入碗內，加香油、胡椒、辣椒等調料，再放入牛肉片、雞蛋絲、梨片或蘋果片等。朝鮮族有正月初四吃冷麵的習俗，又稱之謂「長壽麵」。

朝鮮族特色副食

▲ 辣白菜

朝鮮族喜歡吃牛肉、豬肉、雞肉、海魚。尤其喜歡吃狗肉，認為狗肉營養豐富。他們也喜歡吃生鮮食品，如生拌魚、生拌牛百葉等。

朝鮮族人也喜歡吃山野菜，如桔梗、婆婆丁、小根蒜、柳蒿芽、山白菜、蕨菜等。家菜品種更多，如蘿蔔、白菜、土豆、黃瓜、茄子等。朝鮮族的醃漬菜比較有名，最出名的是「道拉基」（桔梗鹹菜）和泡菜（即辣白菜）。

吉林文庫 A0703A07

文化吉林：松原卷

主　　編	莊　嚴	
版權策畫	李　鋒	
責任編輯	林以邠	

發 行 人	陳滿銘
總 經 理	梁錦興
總 編 輯	陳滿銘
副總編輯	張晏瑞
編 輯 所	萬卷樓圖書股份有限公司
排　　版	菩薩蠻數位文化有限公司
印　　刷	維中科技有限公司
封面設計	菩薩蠻數位文化有限公司

出　　版　昌明文化有限公司

桃園市龜山區中原街 32 號

電話 (02)23216565

發　　行　萬卷樓圖書股份有限公司

臺北市羅斯福路二段 41 號 6 樓之 3

電話 (02)23216565

傳真 (02)23218698

電郵 SERVICE@WANJUAN.COM.TW

大陸經銷　廈門外圖臺灣書店有限公司

　　電郵 JKB188@188.COM

ISBN 978-986-496-249-5

2018 年 1 月初版

定價：新臺幣 360 元

如何購買本書：

1. 轉帳購書，請透過以下帳戶
   合作金庫銀行 古亭分行
   戶名：萬卷樓圖書股份有限公司
   帳號：0877717092596

2. 網路購書，請透過萬卷樓網站
   網址 WWW.WANJUAN.COM.TW

大量購書，請直接聯繫我們，將有專人為您
服務。客服：(02)23216565 分機 610

如有缺頁、破損或裝訂錯誤，請寄回更換

版權所有·翻印必究

Copyright©2016 by WanJuanLou Books CO., Ltd.

All Right Reserved　　　　Printed in Taiwan

國家圖書館出版品預行編目資料

文化吉林. 松原卷 / 莊嚴主編. -- 初版. -- 桃
園市：昌明文化出版；臺北市：萬卷樓發
行, 2018.01
　　冊；　公分
ISBN 978-986-496-249-5(平裝). --
1.文化史　2.人文地理　3.吉林省
674.2408　　　　　　　　　　107002024